FRIEND OR FOE

Secret History of Cold War Espionage

敌友难辨

沙青青

-著-

中信出版集团 | 北京

图书在版编目（CIP）数据

敌友难辨 / 沙青青著 . -- 北京：中信出版社，
2025.3. -- ISBN 978-7-5217-7403-0

I. D526

中国国家版本馆 CIP 数据核字第 20258WJ258 号

敌友难辨

著者：　　沙青青
出版发行：中信出版集团股份有限公司
　　　　　（北京市朝阳区东三环北路 27 号嘉铭中心　邮编　100020）
承印者：　河北鹏润印刷有限公司

开本：880mm×1230mm　1/32　　印张：6.5　　字数：151 千字
版次：2025 年 3 月第 1 版　　　　印次：2025 年 3 月第 1 次印刷
书号：ISBN 978-7-5217-7403-0
定价：65.00 元

版权所有·侵权必究
如有印刷、装订问题，本公司负责调换。
服务热线：400-600-8099
投稿邮箱：author@citicpub.com

推荐序

有位情报史专家开玩笑说,间谍是人类第二古老的职业。间谍主题的作品,无论是虚构还是非虚构类,甚至《孙子兵法》里的《用间篇》等理论作品,都可能拥有很多读者。我中学时代就喜欢读这类书,但发现多到完全读不过来;不过看到标题或话题有兴趣的作品,我还是会去翻翻,可真正一页页读完的,却越来越少了。承蒙本书作者发来这部书稿,我难得地一口气将它读完,酣畅之余还想说几句。

本书选取了一个特别的场景,那就是冷战时期英国情报机构出的一次"大洋相"——上层统治阶级出身的一批情报高官出卖自己的祖国成为苏联间谍。这是一个很有意思的现象。恰好我认识一位经济技术情报领域的已故前辈,他出生在南斯拉夫王国时期,有一位当警察部长的舅舅,他从美国名校毕业后没去谋高职却加入了共产党,先后为共产国际和美国中央情报局(以下简称"中情局")前身——战略情报局做过反纳粹的间谍。我觉得或许该对间谍这个人类古老的职业祛魅,即使是敌方的间谍也并不比其他敌人更可恶,甚至可能因为他们了解真相而比他们效力的决策者更加清醒,例如纳粹德国军事情报部门阿勃维尔的负责人威廉·F.卡纳里斯(Wilhelm F. Canaris)最后因参与刺杀希特勒的行动而被处死。

虽然本书的重要背景——"剑桥五人组"(Cambridge Five)的故

事我早就知道，但本书却仍让我保有十足的新鲜感，这与作者巧妙编织的故事线是分不开的。全书从一个疑问开始——军情五处的原负责人霍利斯是不是苏联间谍？并用这个疑团将读者引入主题场景，最后带出另一个新的疑团——那个未知的、代号"埃利"（ELLI）的苏联间谍又是谁？这让我想起了福赛斯的代表作《豺狼的日子》（*The Day of The Jackal*），表面上看这个故事的结局早已被"剧透"，读者明知戴高乐最后是寿终正寝，却仍然带着"那么周密的刺杀计划为什么没有成功"的疑问，兴致盎然地看到结尾。这与本书有异曲同工之妙。

对比较严肃的读者来说，本书的价值可能还在于其严谨性。作者沙青青先生长期关注国际情报史，所收藏的英文、日文资料数量可能在国内屈指可数。本书篇幅虽不大，涉及的参考文献却很多，其中不仅包括研究著作、档案、回忆录、小说、新闻报道和艺术作品，甚至还有纪录片与播客，这使得本书内容有可靠的文献证据。当然作者不是简单罗列了资料，而是按照故事线进行了梳理，使读者理解其中的逻辑和联系，易于阅读，且不枯燥。此外，有关间谍的所有公开信息都无法保证事实的真实性。间谍们的回忆录肯定会有所隐瞒，例如本书最后部分谈到的苏联间谍索尼娅的回忆录，就故意回避了其与尚未暴露的潜伏者的紧密联系，直到潜伏者年老后自己说出来才为人所知。不过，相比于想象甚至胡编乱造，我们更愿意相信记载于文献的"有限真实性"。

最后想说说我所了解的作者。沙青青先生曾经是我在上海图书馆的同事。上海图书馆收藏了丰富的历史和现代文献资料，还有一个研究历史文献的专业部门；因多年前与上海科学技术情报研究所合并，它还有一个类似科技智库的情报研究机构。沙吉吉先生曾先后在这两个研究部门任职，且都取得了令人瞩目的成果，所以他绝对有资格来写这样一本书。

我期待以后能够读到他关于这方面的更多著作！

上海图书馆原副馆长

上海科学技术情报研究所原副所长

缪其浩

2024年6月21日

目　录

一、长日将尽 / 001

　　1. 失控的畅销书 / 003
　　2. 小说照进现实 / 014
　　3. 代号"埃利" / 023

二、古琴科事件 / 033

　　4. 不速之客 / 035
　　5. 英国人的算计 / 044
　　6. 敌人的构建 / 049

三、"剑桥五人组" / 055

　　7. 祸不单行 / 057
　　8. 环环相扣 / 064
　　9. "我们的人" / 072

四、柏林隧道与古巴导弹 / 083

10. 柏林的地下 / 085
11. 古巴导弹危机的幕后 / 096
12. 叛徒们的游戏 / 103

五、1983：最危险的一年 / 117

13. 被击落的客机 / 119
14. 瑞安行动 / 125
15. "优秀射手83" 军事演习 / 133

六、究竟是谁 / 141

16. 官僚们的辩护 / 143
17. 旧账与新账 / 151
18. 冷战余音 / 159

人物事件年表 / 167

注释和参考文献 / 181

后记 / 197

一

长日将尽

即使你不相信霍利斯受制于苏联情报部门……那他肯定是多年来最不称职的管理者……他治下的军情五处管理不善，充斥着无法做对事而又缺乏想象力的木偶。[1]

——克利夫兰·克拉姆（Cleveland Cram）

霍利斯不是内奸。尽管很难证明他的清白，但政府的调查也没能证明他有罪。为安全起见，我将要求审查所有的相关安全流程，并对平彻书中提到的情况进行另一次新的调查。[2]

——撒切尔夫人

1. 失控的畅销书

> 我走进了老楼。在这里,在柚木镶嵌的走廊和镶着木钉的办公室里,菲尔比、伯吉斯、麦克莱恩和布伦特曾被追踪。在这里,我们也参与过军情五处最秘密的战争,因为我们怀疑军情五处的核心部门有一个未被发现的内奸。我们的嫌疑人是军情五处前局长罗杰·霍利斯爵士,但我们一直无法证实。霍利斯的朋友们对这个指控深恶痛绝,在长达十年的时间里,双方就像中世纪的神学家一样,在本能、激情和偏见的驱使下争吵不休。[3]
>
> ——彼得·赖特(Peter Wright)《抓间谍的人》(*Spycatcher*)

1987年8月,一本名为《抓间谍的人》的新书迅速登上了欧美各国的畅销书榜。这本畅销书的作者是英国军情五处(MI5,即英国国家安全局,以下简称"军情五处")前情报官员彼得·赖特。当时已经从军情五处退休超过十年的赖特,在这本回忆录中披露了军情五处内部的种种秘闻。除了描述英国情报部门用于侦察、监控的各种技术手段,《抓间谍的人》最骇人听闻的内容是指控军情五处的原一把手罗杰·霍利斯(Roger Hollis)是苏联人暗藏在军情五处的超级"鼹鼠"(即"卧底")。

军情五处的历史可以追溯到1909年。1909年10月,为了应付咄咄逼人的德意志帝国,在英国帝国国防委员会的建议下,时任首相赫伯特·H.阿斯奎思(Herbert H. Asquith)批准成立了英国秘密勤务局。秘密勤务局主要分为两部分:一部分是源自英国陆军的作战办公室军事行动局第五处,专门负责英国国内的反间谍工作,之后就演变成了后人所熟悉的军情五处;另一部分则是负责对外间谍侦察和搜集情报的"海外分部",也就是军情六处的前身,其最初的成员大部分来自英国皇家海军。

或许是因为对内、对外工作属性的不同及构成人员成分的迥异,自秘密勤务局成立伊始,军情五处的首任局长、时任陆军上尉弗农·凯尔(Vernon Kell)与军情六处的首任局长、时任海军少校

弗农·凯尔(1873—1942)
资料来源:https://en.wikipedia.org/wiki/File:Vernon_Kell_(1).jpg

凯尔出身于英国的军人世家。就读于英国陆军军官学校,毕业后参军,曾被派驻中国天津(义和团运动期间)。他精通德语、意大利语、法语和波兰语,粗通汉语、俄语。1909年凯尔被战争部选中参与秘密勤务局的组建工作,负责国内事务。之后他顺理成章地成为军情五处的首任局长并在位三十一年之久。直到1940年,凯尔才在丘吉尔的要求下退休,创下20世纪英国政府部门中单一岗位的任职时长纪录。

曼斯菲尔德·史密斯-卡明（1859—1923）
资料来源：https://en.wikipedia.org/wiki/Mansfield_Smith-Cumming#/media/File:Mansfield_Smith-Cumming.jpg

卡明来自英国著名的银行世家。他早年加入皇家海军后却发现自己严重晕船，只能负责岸防工作。1909年卡明被海军部选中，加入秘密勤务局，负责海外情报工作并成为军情六处的首任局长。他因喜欢用绿色墨水写首字母C签名而获得了"C"的代号。这个代号之后被历任局长沿用，"C"也就成了军情六处局长的通用代号。在约翰·勒卡雷（John le Carré）的小说中，军情六处负责人的代号"CONTROL"便是来自卡明的代号"C"。卡明的继任者休·辛克莱（Hugh Sinclair）同样来自皇家海军。

曼斯菲尔德·史密斯-卡明（Mansfield Smith-Cumming）之间的合作关系就不算融洽。1910年后，这两个部门便开始各自运作并最终形成了两个彼此独立、分工不同的情报机构，即被称为军情五处的英国国家安全局及被称为军情六处的秘密情报局（MI6）。实际上，军情五处和军情六处原本都是一种掩护用的代号，类似"某某邮政信箱"。在英国政府的体系中，军情六处名义上隶属外交部，军情五处则由内政大臣领导，而在实际运作中，这两个机构都会直接向首相报告。

此后，经历过一战、二战以及冷战热斗的洗礼后，军情五处和军情六处皆被视为维护英国国家利益的重要基石，在各种斗争中所积累的功劳、苦劳数不胜数。此外，它们还被各式各样的小说、电影包装成了英国最深不可测又神通广大的秘密情报机构。然而，事实上，无论是军情五处还是军情六处，历史上都出过相当多的纰漏，内部的"鼹鼠"更是层出不穷，例如"剑桥五人组"中最有名的金·菲尔比（Kim Philby）曾是军情六处的高级官员，担任过众多要职。然而，机构内部存在变节者，与机构最高负责人是卧底，有着性质上的不同，严重程度自然不可同日而语。彼得·赖特公开揭露军情五处——英国反间谍部门的最高负责人是苏联的间谍，这无疑动摇了该情报机构的合法性基础，乃至整个英国情报体系的根基。如此骇人听闻的指控必然会在英国国内激起千层浪。

彼得·赖特出生于德比郡，父亲曾是马可尼电信公司的研究总监。赖特自幼继承了父亲在工程技术领域的天赋，曾在英国海军研究室担任工程师。1949年，他开始兼职为军情五处工作，负责诸如窃听装置、通信设备、反侦测设备的研发、安装与调试。1954年，赖特被正式任命为军情五处的首席科学官。20世纪60年代，他开始参与军情五处、军情六处共同组成的内部审查委员会的工作，负责甄别英国情报机构的内奸和卧底。根据他自己的说法，他正是从那时起对军情五处局长霍利斯、副局长米切尔的真实身份产生怀疑，并因此得罪了军情五处的既得利益群体，进而导致1976年退休时被克扣退休金。1987年，其回忆录《抓间谍的人》出版后不久便成为国际畅销书，销量超过200万本，并引发了英国政坛的一系列风波，余波持续了数年之久。

实际上，这并不是第一次有人公开质疑罗杰·霍利斯是为莫斯科效力的卧底。早在1981年，英国《每日快报》（Daily Express）的知名调查记者查普曼·平彻（Chapman Pincher）就曾在自己的畅销书《他们的工作即背叛》（Their Trade is Treachery）中对霍利斯的真实身份提出疑问，并披露军情五处、军情六处都曾对霍利斯进行过秘密的内部调查。当时，平彻的信源主要来自以下两方面。

> 平彻出生于大英帝国治下的印度旁遮普，父亲是当地英国驻军的军官。他年幼时，随父母回到老家约克郡。二战期间，平彻参加了英军的坦克部队并对武器装备技术产生浓厚兴趣，开始为《每日快报》撰写军事专栏，战后他顺理成章地加入该报，成为军事国防条线的调查记者。因为负责报道英美内部"苏联核间谍"事件，平彻开始对这个领域有了新的兴趣并将之发展为日后职业生涯的"最大亮点"。从20世纪50年代起，他因多次报道苏联间谍在英国的活动，而让英国政府和情报机构难堪。1959年，时任首相麦克米伦曾在给阁僚的信中抱怨："难道就没有办法搞定或摆脱查普曼·平彻吗？"并斥之为"没教养的乡巴佬"。另一方面，平彻也被不少英国政界要人视为可供利用的宣传工具，常通过他来散播半真半假的消息以影响舆论。2014年，平彻以百岁高龄去世。最后的遗言是："我已经没有什么独家新闻了。"

其一，时任英国议会议员乔纳森·艾特肯（Jonathan Aitken）在一封1980年写给首相撒切尔夫人的密信中曾指出：根据中情局反间谍部门的负责人詹姆斯·安格尔顿（James Angleton）提供的线索，军情五处原负责人罗杰·霍利斯很可能是一名长期以来为苏联效力的双重间谍。事后，神通广大的查普曼·平彻拿到了这封信的副本。

其二，则是来自两位军情五处的前内部工作人员。其中一位是军情五处原D部门（调查部）D1科的科长阿瑟·马丁（Arthur Martin），另一位就是彼得·赖特。这两位之前都曾参与过对艺术史教授、英国女王的艺术顾问安东尼·布伦特（Anthony Blunt）的调查。而布伦特的另一个隐秘身份就是为苏联效力的间谍，与金·菲尔比同为"剑桥五人组"的成员。阿瑟·马丁与彼得·赖特都向平彻披露，他们曾进行过针对霍利斯的秘密内部调查。

> 二战期间，马丁曾在英国无线电安全局工作。战后加入军情五处。他参与过对唐纳德·麦克莱恩（Donald Maclean）与盖伊·伯吉斯（Guy Burgess）的调查，并自始至终坚持认为金·菲尔比也是苏联间谍。马丁出任军情五处D部门负责人后，开始大力推动对20世纪30年代英国国内左翼人际网络的甄别调查。1963年，他在正式报告中提出，军情五处或六处的高层可能存在一个苏联的超级"鼹鼠"，并将罗杰·霍利斯及其副手米切尔列为嫌疑人。之后，他与霍利斯爆发激烈冲突，被迫转去军情六处并在那儿退休。彼得·赖特认为阿瑟·马丁是"一个聪明而直觉敏锐的调查官……马丁在英国反间谍领域的最大优势是：他没有上公学，从来不是那个老男孩圈子的一员"。与之相对，也有不少人认为他是一个捕风捉影的阴谋论者，跟彼得·赖特一样。

1980年的秋天，查普曼·平彻曾特地前往彼得·赖特退休后的定居地——澳大利亚的塔斯马尼亚州，前后待了9天，对赖特进行访谈。在访谈过程中，平彻第一次听说"军情五处内部有很多人怀疑霍利斯是苏联间谍"。赖特还向他透露：自己正在写一本回忆录，希望揭露霍利斯的真面目。此外，查普曼·平彻还曾非常戏剧性地从撒切尔夫人政府的高官处得到了证实——霍利斯确实曾被内部调查过。此外，军情五处的另一名能干人物、来自罗斯柴尔德家族的维克多·罗斯柴尔德（Victor Rothschild）也向平彻透露了自己对霍利斯的怀疑，甚至介绍平彻与彼得·赖特认识。实际上，维克多·罗斯柴尔德此前曾因与"剑桥五人组"的伯吉斯、布伦特相熟而遭到调查。此时的他似乎希望通过积极推动其他调查来洗脱自己的嫌疑。颇有讽刺意味的是，20世纪80年代，维克多·罗斯柴尔德曾担任首相撒切尔夫人非正式的安全事务顾问。

不过，霍利斯本人早在1973年就已去世，此时再去追究一名已经去世的英国情报部门前负责人是不是苏联间谍，在政治上是一件吃力不讨好的事情。除了给英国政府、情报部门徒增恶名和加深其无能的印象，几乎无其他积极意义。因此在《他们的工作即背叛》一书出版后，撒切尔夫人曾发表官方声明表示，并没有实际的证据可以证明该书中对霍利斯的指控，但她同时承认霍利斯身上确实存在疑点，也曾因此被调查过。显而易见，撒切尔夫人并不想继续扩大此事的负面影响，而是希望通过"既不承认，也不否认"[4]的方式来敷衍过关。不过，让她感到恼火的是，相关人等非但没有到此为止，反而继续热炒"霍利斯事件"。先是平彻在1984年出版了另一本揭秘军情六处、军情五处内部丑闻的专著《秘而不宣》（*Too Secret Too Long*），接着就是退休赋闲躲在澳大利亚的彼得·赖特出版了自己的回忆录。

无论是查普曼·平彻的调查，还是彼得·赖特的回忆录，都引发了英国社会对"霍利斯事件"的关注。1986年2月27日，BBC（英国广播公司）的热门政治讽刺喜剧《是，首相》（*Yes, Prime Minister*）第一季第八集播出。该集的灵感来自"罗杰·霍利斯的间谍疑云"，故事的设定是某位军情五处的前局长在临死前坦承自己是苏联的间谍，进而引发了一连串令人哭笑不得的政治闹剧。值得玩味的是，比起担心国家机密被窃取，片中的政客、官僚们反倒更担心军情五处原负责人身为苏联间谍而引发的政治风波。而在现实中，如果说作为记者的平彻是以外部视角来窥视英国情报系统内部的陈年旧闻，那么彼得·赖特则是以内部人的角度自曝家丑，其杀伤力无疑是更加巨大和致命的，也让英国当局更为恼火。

鉴于此，出于维护国家和情报机构颜面的考虑，撒切尔夫人政府高调指责彼得·赖特回忆录中对军情五处各种工作细节的披露以及对罗杰·霍利斯的不实指控，已构成严重泄密行为。英国政府认为彼得·赖特违反了军情五处对在职和退休人员的保密要求及相关法律，进而向法院提请禁止在英国境内出版、销售《抓间谍的人》一书。起初，这项封杀令获得了基层法院的支持，但彼得·赖特一直将官司打到了英格兰及威尔士上诉法院并胜诉，上诉法院推翻了此前的封杀令。1987年6月，刚赢得大选、开始第三任期的撒切尔夫人及其政府不依不饶地将这桩官司越级提交至上议院，由三位上议院法官组成的委员会推翻了上诉法院的二审判决，认定封杀令有效，随即宣布

1981年3月，英国首相撒切尔夫人要求阁僚对平彻的新书"不予置评"。

资料来源："Security of the Secret Services. Chapman Pincher's book *Their Trade is Treachery* and related papers including Sir Roger Hollis", PREM 19/1951, The National Archives, https://www.nationalarchives.gov.uk/about/news/latest-cabinet-office-files-released/

在英格兰境内禁止印刷、出版、销售《抓间谍的人》。①此外，上议院要求英格兰境内的公共图书馆不得上架此书，否则有面临司法追究的可能。撒切尔夫人政府内部甚至有人考虑动用战时紧急权力来阻止人们将这本书带入英国。

封杀令的实施，除了招致作者本人的抗议，还引发了英国新闻舆论界的普遍不满，"舰队街"的各家报纸群起而嘲之。《每日镜报》直接给三位上议院法官的照片配上"你们这些蠢货"的文字。《经济学人》则开了一页"天窗"⁵以示抗议。毫不令人意外的是，英国政府的这一系列操作并未消减彼得·赖特给军情五处乃至英国情报系统声誉带来的重大伤害，甚至加剧了这种伤害。

事实上，封杀令的效力仅限于英格兰境内，且不说在其他国家，即便是在联合王国内部的苏格兰也是无效的，在其他英联邦国家同样没有效力。事实上，从军情五处退休后的彼得·赖特就待在澳大利亚养老。为此，英国政府也曾施压澳大利亚政府要求其对《抓间谍的人》在澳的出版、发行进行干预，结果彼得·赖特与英国政府的代表在悉尼对簿公堂。当时彼得·赖特的代理律师是一位三十岁出头的年轻人，名叫马尔科姆·特恩布尔（Malcolm Turnbull）。他在法庭上犀利的逼问和反驳令英国政府的代表、时任内阁秘书罗伯特·阿姆斯特朗（Robert Armstrong）爵士十分难堪，结果撒切尔夫人政府输掉了在澳大利亚的官司。⁶而这位年轻的律师因此案而声名大噪，大约30年后他成了澳大利亚第29任总理。

---

① 出于历史原因，英国上议院长期扮演实际上的最高法院角色。直到2009年随着英国《2005年宪制改革法令》的生效，上议院的司法职能才被废止，相关职能转移给新成立的联合王国最高法院。

因此，尽管《抓间谍的人》在英国遭遇了封杀，但其依旧可以在美国、加拿大、澳大利亚等国出版、发行。实际上，英国政府不惜代价发布的封杀令，反而成为彼得·赖特这本回忆录最好的市场营销广告：一本英国政府千方百计想要封杀的书，一定是揭露了不可告人的秘密。

另外，值得一提的是，《抓间谍的人》的流行不仅是因为其所揭露的内容过于骇人，也因其行文流畅，写法扣人心弦，让这本军情五处前官员的回忆录读起来像一本引人入胜的间谍小说。这在很大程度上应归功于彼得·赖特的合作者、实际撰稿人——保罗·格林格拉斯（Paul Greengrass）。多年后，格林格拉斯成为《谍影重重》（Jason Bourne）系列电影第二、第三及第五部的导演。

惊世骇俗的劲爆内容搭配间谍小说一般的叙事技巧，外加英国政府的"助攻"式营销，一时间，《抓间谍的人》洛阳纸贵。

《抓间谍的人》成了全球畅销书，横扫美国、加拿大、澳大利亚等国的畅销书榜。截至1987年年底，短短5个月间，该书仅在美国就卖出超过40万本。而大量在美国、澳大利亚以及加拿大出版的《抓间谍的人》也通过"夹带走私"的方式进入英国。从《泰晤士报》到《太阳报》，各类媒体都争相摘引、报道这本书的内容。在野党则更将之视为攻击撒切尔夫人政府的天赐良机，曾希望在下议院公开讨论此事，结果却被议长以事涉机密且有封杀令为由，将其排除出议会的辩论议程。为此，曾有工党议员揶揄道："我们无法在这儿讨论这些（情报系统）的疏漏，而澳大利亚人却可以在他们的议会里讨论……当澳大利亚议会里的政客们可以自由提出相关质询并要求答案时，我和我的朋友们却不能就军情五处在这个国家的相关活动而提出问题。真是荒唐至极。"[7]之后，工党议员甚至开始在公共场所高声朗读书中的"精彩段落"。时任总检察长尼古拉斯·莱尔爵士就曾向下议院议长伯纳德·韦瑟里尔抱怨，他遇到的每个人几乎都读过这本书了！[8]

1988年10月13日，上议院的法官们做出了一项新裁决：英国国内媒体可以刊载《抓间谍的人》的内容，但他们坚持认为彼得·赖特确实违反了自己理应履行的保密义务，禁止其获得这本书在英国的版税收入。然而，此时《抓间谍的人》在除英国之外的全球销量已接近二百万册。尽管事实上又输了官司，但分管军情五处的时任内政大臣道格拉斯·赫德（Douglas Hurd）声称：上议院的判决证明了如彼得·赖特这样的原情报官员终身都应履行保密义务。至于罗杰·霍利斯究竟是不是苏联的间谍，英国政府依旧三缄其口。

在冷战末期的国际环境下，面对来自内部人士的揭露和批判，英国政府依旧故作神秘地对其情报机关的存在与否、运作方式都继续遮遮掩掩，甚至不惜动用国家力量打压相关言论，自然是自讨没趣。而本就爱读各式各样谍战小说的英国人更是对《抓间谍的人》的内容充满好奇，从街头巷尾到议会都在讨论这本书。

2. 小说照进现实

在《抓间谍的人》出版后的两三年里，由这本书引发的围绕英国情报体系①的争论几乎成了英国议会上下两院最热门的话题之一。不少政客借此攻击执政党，或要求加大对情报部门的监督，围绕情报机构改革问题的一系列讨论此时在英国政坛活跃起来。

> 我想请教政府，我们的情报机构能否从约翰·巴肯的时代进入约翰·勒卡雷的时代？读过约翰·巴肯的人都会记得，他笔下的特务头子是一位神秘的贵族，只有少数统治国家的核心圈子成员才知晓他的名字。他被称为"C"。他在所有文件上都用绿色墨水笔签字。不过，这个秘密情报局局长的原型在今天早已不复存在。正如勒卡雷先生告诉我们的那样，克格勃和中情局都知道我们安全和情报部门负责人的名字；现在这个国家的很多知情者也知道他们的名字，甚至都在报刊上公开提及。因此我建议，不如主动公开这些部门负责人的姓名。这或许才是有益的。9

---

① 英国国内比较著名的情报机构还有向外交大臣负责的政府通讯总部与直属国防部的国防情报局。前者的职责类似美国国家安全局，主要通过技术手段进行通信、网络监听监视；后者主要负责搜集与军事行动直接相关的情报，类似美国国防情报局（DIA）。

这段充满英国式讽刺的高论来自1988年2月10日英国上议院议员诺埃尔·安南（Noel Annan）爵士在议会的发言。他的发言无疑是在呼应《抓间谍的人》所引发的围绕英国情报机构的批评和讨论。安南虽是上议院议员且长久以来以大学校长、学者、作家的身份为人所知，但他对情报工作确实有发言的资格。二战期间，在英国陆军情报部门工作的安南曾是丘吉尔内阁的情报官，他甚至还写过间谍小说。而上述他那番言论的另一个背景是，直到20世纪80年代，英国政府从没有正式承认有秘密情报局即军情六处这样一个机构存在，尽管这在英国乃至全世界早已是一个公开的秘密。

安南口中的约翰·巴肯（John Buchan）的经历与其类似，同样既是作家，也是政治人物。在出任加拿大总督前，巴肯是英国家喻户晓的间谍和冒险小说家，他的代表作是曾被著名导演希区柯克改编成经典电影的《三十九级台阶》(*The 39 Steps*)。在巴肯笔下充满浪漫主义色彩的间谍故事中，被称为"C"的情报头子与其他主角一样，无疑都是让读者印象深刻的人物。

从历史的维度来观察，英国情报部门的兴衰与英国间谍小说的发展之间呈现出一种微妙的互动关系。用著名间谍小说家约翰·勒卡雷的话来说，"一百多年来，我们的英国间谍与任性妄为的小说家之间，始终有着令人发狂，有时又颇为滑稽可笑的爱恨纠缠"[10]。

起初，伴随着日不落帝国在全球的扩张，以间谍为主角的浪漫冒险小说成为最热门的类型小说。在维多利亚时代的英国，博物学家和探险家可算是最受人关注的两个职业。二者以各自的方式探寻帝国尚未染指过的地区，抑或考察各殖民地的风土人情。他们往往跟随帝国的军事力量一同行动，甚至有意识地担任帝国的开路先锋。作为疆

约翰·巴肯（1875—1940）
资料来源：https://en.wikipedia.org/wiki/John_Buchan#/media/File:Lord_tweedsmuiir.jpg

巴肯是在苏格兰出生的小说家、历史学家。他从牛津大学毕业后，曾在南非的殖民地政府工作。一战期间，巴肯开始了自己的小说创作生涯，其最著名的作品是谍战小说《三十九级台阶》。20世纪20年代后，他在小说创作之余也致力于战争史研究。1935年，巴肯被授予爵位并出任加拿大总督。

域广大、殖民地状况天差地别的殖民帝国，英国必然需要有这样的人才才能维系统治和抵御其他列强的挑战。因此这些冒险家、博物学家也就自然而然地发挥着类似间谍的作用。

英国第一位诺贝尔文学奖得主、"帝国诗人"约瑟夫·鲁德亚德·吉卜林（Joseph Rudyard Kipling）在带有奇幻主义的少年冒险小说《吉姆》（*Kim*）中就把主角设定在英俄"大博弈"（The Great Game）阴影下的南亚次大陆。小说中，原本在街头流浪的吉姆被英国情报部门吸收，被迫接受训练，成了一名为英国当局探察俄国染指印度阴谋的间谍。而吉姆的上司是一名兼职博物学家的殖民地官员，同时也是英国陆军的上校。小说的结尾，吉姆协助破坏了俄国人的"阴谋"，同时也完成了少年时期的历练与成长。值得一提的是，金·菲尔比的名字正是来自吉卜林的这本小说。1912年元旦，菲尔比出生在印度旁遮普的安巴拉，他的父亲约翰·菲尔比是英印当局的高级官僚，还曾在中东地区探险。毫无疑问，约翰·菲尔比在吉卜林的《吉姆》中看到了自己的影子，而他给儿子取的全名是哈罗德·阿德里安·拉塞尔·金·菲尔比（Harold Adrian Russell Kim Philby）。

> 吉卜林出生于印度，被视为日不落帝国的文学代表，在诗歌、散文、小说等领域均有建树，是英国第一位，也是迄今为止最年轻的诺贝尔文学奖得主（42岁获奖）。他是大英帝国殖民扩张事业的积极支持者，其作品也常被认为有帝国主义、民族主义倾向。一战期间，吉卜林的长子战死在西线战场，导致其政治理念有所改变。去世前，他曾公开呼吁英国民众对纳粹主义兴起保持警惕。

20世纪初，英国正处于其全球殖民扩张的顶点，但这似乎也是其由盛而衰的开始。第二次布尔战争的惨胜既让英国在南部非洲的殖民地连成一片，也让其把持了通往非洲腹地大湖区的地理走廊。然而，这场战争却为英国的殖民扩张进程画上了休止符。就像一个得了痛风症的巨人，手指和脚趾伸向全世界，但想要收拢就必然疼得喊出声来。扩张的代价如此之高昂，以至英国不得不放弃"光荣孤立"的政策，转而与法国、日本进行国际协调，缓解其在地中海、远东地区的战略负担，以便能腾出手来应对德意志帝国咄咄逼人的挑战。

与此同时，同时代英国间谍冒险小说中设定的反派也迅速从衰败的沙俄变成了迅速崛起的德意志。流传于英国各阶层的间谍小说成为当时反德宣传的一部分，与日渐尖锐的英德冲突相呼应，甚至彼此激化。连推理小说家柯南·道尔都会在他的福尔摩斯侦探故事里添加"提防德国间谍阴谋破坏"这样的反特元素，例如他的名篇《布鲁斯-帕廷顿计划》。而到了约翰·巴肯在类型小说领域大放异彩的时代，间谍冒险故事都以英国情报机构在"C"们的领导下与德国间谍对抗作为小说背景。1901—1914年，英国境内就出版了二百多本

> 菲尔比在剑桥大学三一学院就读期间,主修历史学和经济学,其间开始流露出对共产主义思想的支持倾向。毕业后,他前往奥地利,与当地的共产主义组织一道支援德国难民,并在那儿结识了自己的第一任妻子。1934年菲尔比返英后被苏联情报部门招募,这是"剑桥五人组"的发端。之后,他曾以记者身份前往西班牙。1940年,他加入军情六处,受到重用和提拔,一度被视为未来的局长人选。二战后,菲尔比被派驻伊斯坦布尔与美国华盛顿特区。1951年,他因"剑桥五人组"的另两名成员伯吉斯与麦克莱恩叛逃苏联而遭到怀疑,被迫离开军情六处。1956年后,他重返新闻界,成为常驻贝鲁特的特约记者。1963年当其身份再次遭到怀疑时,他选择叛逃至苏联。晚年,菲尔比作为克格勃的顾问,定居在莫斯科。

以"德国威胁"为主题的小说。"德国舰队计划秘密登陆英国""成千上万名德国间谍和破坏分子潜伏在英国社会"一类的故事流传于当时英国的大街小巷,随之引发的蔓延至全社会的间谍狂热,在相当程度上促成了时任首相阿斯奎思批准成立秘密勤务局。

一战爆发后,英国情报机构迎来了飞速膨胀的"好时光"。军情五处从战前仅仅15人的编制扩大到战争结束时的近5 000人,其中大部分都在通信审查办公室里负责各类监视活动。而军情六处则依靠皇家海军的密码破译机构——"40号房间",成功破译了德国、法国以及美国的密码,获取了大量重要信息。其间,最著名的自然是"齐默尔曼电报"[1],而这一传统还会延续到二战。一战结束后,惨胜的殖民帝国余晖仅存,而它的情报机构所能发挥的作用也不再是开疆拓土。

---

[1] 1917年1月,德国外交大臣阿瑟·齐默尔曼发给德国驻墨西哥大使一份电报,建议墨西哥与德国结盟共同对抗美国。这份电报被英国情报部门即"40号房间"破译并于同年3月对外公开。此事件引发了美国国内各界的反德情绪,并客观上促使美国在4月6日正式对德宣战,加入了一战。据统计,一战期间,"40号房间"破译的德军电报高达1.5万条,成为英国情报作战史上最大的成果之一。

如果说一战前英国人对间谍小说的狂热是催生军情五处、军情六处诞生的社会背景之一，那么之后数十年间英国间谍小说题材、叙述方式的变化，亦能反映出英国情报机构性质的变化及其背后的日不落帝国难以挽回的漫长衰落。而这些情报机构本身也不得不迎来一连串的失败与挫折。

而在二战正式爆发前，尽管当时军情六处曾经通过各种方式对德国军事工业潜力、再武装能力进行一系列调查，但从未系统分析过纳粹德国的政治和战略意图。事实上，张伯伦政府对纳粹德国的绥靖政策与情报失误之间的关系密不可分且互为因果，在情报与决策之间形成一种糟糕的恶性循环。用丘吉尔的话来说，便是：

> 在我看来，大臣们授权情报部门收集情报，然后让他们递交上来以便按先后顺序及重要程度依次筛选、分类、删减，这种做法风险太大，因为他们很可能只着重强调那些与他们的愿望相一致的情报。他们的愿望高贵且迫切：愿维护世界和平！[11]

张伯伦固执的继任者丘吉尔对情报工作有一种与生俱来的热情。在担任海军大臣时，丘吉尔就非常清楚地意识到军情六处提供的各类军事情报的价值。而在担任殖民地大臣和内政大臣期间，他在应对爱尔兰独立运动和镇压国内罢工的时候，也曾仰赖过军情五处提供的协助。面对战争初期的困境，丘吉尔通过联合情报委员会这个组织来协调、整合来自各处的情报信息，并要求这些情报必须以原始面貌呈交首相本人。其中最重要的情报无疑是被破译的各类外国电报，既有来自轴心国的恩尼格玛密码机的内容，也有中立国的大使馆与母国之间的外交通信。

2014年的电影《模仿游戏》(The Imitation Game)从著名数学家艾伦·图灵(Alan Turing)的视角，揭示政府密码学校(即政府通讯总部的前身)、军情六处开设在布莱切利庄园(Bletchley Park)①的密码破译组如何进行密码破译工作。尽管英国政府事后曾宣称布莱切利庄园密码破译工作对反法西斯战争贡献巨大，甚至可能让战争提前结束，但恩尼格玛密码机的最初破译技术来自波兰密码局，而在美国参战后，大量美国科学家、技术，以及资金也都投入了布莱切利庄园的破译项目，因此很难将其完全视为英国情报部门的功劳。

至于二战后，曾经的日不落帝国既要应付原殖民地风起云涌的独立浪潮，还要面对铁幕落下的冷战格局。此时英国的各个情报机构已从帝国版图扩张的助推者，变成了帝国瓦解过程中的缓冲器。这种变化在以间谍小说为代表的流行文化领域亦有体现。出生在一战前的伊恩·弗莱明(Ian Fleming)自然免不了受吉卜林、约翰·巴肯的影响，他在青少年时期也见证过维多利亚时代的余晖。而他笔下那位无所不能、风流倜傥的詹姆斯·邦德(James Bond)，与其说是一个冷战时代的特工，不如说是一个穿越到冷战时代的"19世纪英国冒险家"，完全是一种对逝去时代的臆想与怀念，一个试图为帝国余晖挽

---

① 布莱切利庄园建于19世纪80年代，当时的主人是英国银行家、下议院议员赫伯特·塞缪尔·利昂爵士(Sir Herbert Samuel Leon)。20世纪30年代后，庄园被转售给了地产商。1938年，军情六处时任局长休·辛克莱自掏腰包购入此地，将其改建后供英国情报部门使用。二战爆发后，此处因毗邻剑桥和牛津大学且远离都市不易成为轰炸目标而成为政府密码学校的所在地，汇聚了一大批科学人才来破译轴心国的通信密码。

回尊严的文学产物。

与之相对,安南爵士在讲话中提到的另一位间谍小说作家约翰·勒卡雷则似乎更像这场"瓦解"的见证人与记录者。与前辈们不同,1931年出生的勒卡雷在青少年时期目睹的是帝国无可挽回的衰败。在1989年的一次访谈中,勒卡雷曾不无戏谑地说:"弗莱明创造了一个浪漫主义的孤胆英雄,同时也创造了不喜欢这类角色的'读者市场'。在这个意义上,我是弗莱明小说的受益者。"

在勒卡雷的一系列描绘冷战时代东西方暗战的小说里,完全见不到豪情万丈的帝国热情。他小说中的人物角色,比如史迈利,很难让人有心潮澎湃之感,即便有惊涛骇浪,也都藏于不动声色的日常工作之中。这种变化不仅映衬出英国百年来间谍文学的蜕变,也映射出英国情报机构自我定位的变迁。在勒卡雷的小说中,军情五处、军情六处似乎都是内讧不断、苦苦支撑的部门。宿命论般的悲剧感、无力感几乎充斥在勒卡雷的每部作品里。他想要呈现的就是一个时代的复杂性,而不是某位英雄的传奇冒险。

如果说巴肯及其之前时代的英国间谍们都是为日不落帝国的全球事业效力、心怀帝国主义雄心壮志的冒险家,那么勒卡雷时代的英国间谍们则越来越像一群等着领退休金的平凡官僚,抑或如勒卡雷所说的那样:一群疲惫的上班族。此外,勒卡雷也不会区分铁幕两侧人物的正反立场。无论是作为对手出现的卡拉,还是"圆场"(情报总部)里的史迈利,他都给予近乎平等的关照,不会区分谁是正面人物,谁是反面人物。在他的小说中,他们在非常紧张的冷战环境之下,彼此厮杀,彼此对决,彼此加害,但在本质上,他们是同一种人。

既没有分明的阵营,也难以分清敌友,敌友的界限甚至被打破了。在勒卡雷的故事中，主角被多方势力环绕，有莫斯科方面的挑战，还有办公室政治的纠缠，混杂着人际关系的乱麻，早已不是约翰·巴肯时代敌我对抗的间谍故事，而更多是人情世故及对当时当地英国社会情态的另类记录，映射的是面对帝国瓦解时英国人的所思所想。

有趣的是，据说彼得·赖特之所以不惜得罪英国政府也要坚持写自己的回忆录，正是因为他对自己的退休金遭到克扣而心生不满。根据事后统计，《抓间谍的人》的全球销量超过200万本，丰厚的版税收入足够让彼得·赖特安度晚年了。

除了伊恩·弗莱明和约翰·勒卡雷，另一位极为著名的间谍小说作家当属格雷厄姆·格林（Graham Greene）。格林在二战期间曾加入军情六处并在非洲工作。而他利用为军情六处工作的经验，在《我们在哈瓦那的人》等小说中精确描述了英国驻外使馆与外勤特工的诸多细节，因此差点也被英国政府告上法庭。值得一提的是，金·菲尔比曾是格林在军情六处的上司，而格林曾在20世纪20年代短暂地加入过英国共产党。

3. 代号"埃利"

1966年9月的某天,军情五处来了一位稀客:时任日本警察厅次长、警视监后藤田正晴。在经历战败投降以及由美国主导的政治社会改造后,日本国内的政治保卫、反颠覆以及反间谍等工作一般由警察厅、警视厅及各地警察总部的"公安课"、公安部来负责,也往往被外界认为是战前"特高课"①事实上的继承者。后藤田正晴之所以去军情五处拜访,主要是为了业务交流,希望在冷战背景下学习英国人的先进经验。而军情五处方面之所以答应接待,则是看中后藤田正晴从日本带来的见面礼。

对此,后藤田正晴在自己的回忆录中曾这样描述:

> 在我们去之前,英国方面曾提出过要求,要我们提供日本方面有关佐尔格事件的资料。战争结束之后,这种资料曾在神田的旧书铺出现过,不知是被谁卖出来的。因为既然有这方面的资料,那么我们就答应可以提供,并问日文版的可否,对方回答说可以,于是我们就把资料带去了。看来英方还在专门调查那件事情。[12]

---

① 特高课即"特别高等警察课",是1945年日本战败前的秘密警察机关,主要负责镇压、打击各类左翼社会运动并兼顾反间谍工作。

军情五处负责与日方交接资料的是一位 40 岁出头、腿脚有毛病行走不便的男子。资料交接后，后藤田正晴按捺不住好奇心询问对方："为什么到现在还要了解这件事呢？那不是发生在二战当中的事吗？"

对方则回答道："不，涉及的人员还在，可以追溯到上海。"[13]

之后，这位负责人就再未向后藤田正晴透露更多内容，但此事给他留下极为深刻的印象，以至几十年后写回忆录时仍念念不忘。实际上，这个诡异的插曲或许与查普曼·平彻以及彼得·赖特在《抓间谍的人》中对罗杰·霍利斯的指控有关。而那位腿脚有毛病的男子应该就是当时正负责内部调查的彼得·赖特本人。

霍利斯来自圣公会地区的一个主教家庭。他曾在牛津大学伍斯特学院就读，但未拿到学位便选择退学。1926 年，他在伦敦的渣打银行谋得一份差事，但仅一年后，他便辞职前往远东。1928 年起，霍利斯在英美烟草公司工作，先后居住在上海、北平。返英后，他于 1938 年加入军情五处，二战期间曾从伦敦搬到牛津郡的布伦海姆庄园。在军情五处工作期间，霍利斯与"剑桥五人组"、古琴科、普罗富莫等重要人物和事件都产生过交集。1956 年他被任命为军情五处局长，任职至 1965 年退休。长久以来，霍利斯一直被怀疑是潜伏在英国情报系统内部的超级"鼹鼠"，抑或是那个代号"埃利"的格鲁乌①间谍。英国政府先后对他进行过两次大规模内部调查，但结果都是"无法确认"。而军情五处则认为"对霍利斯的怀疑完全是阴谋论臆想的产物"，但这个结论仍受到广泛质疑。

---

① 格鲁乌（GRU）即苏联红军情报总局，先后隶属苏联红军总参谋部、国防委员会的军情情报机关，与内务人民委员部（1946 年改称"内务部"）、国家保卫总局以及之后的克格勃互不隶属。20 世纪 50 年代克格勃正式成立后，其政治地位高于格鲁乌。

不同于"剑桥五人组"来自英国上流社会的权贵背景，霍利斯的父亲终其一生只是圣公会一个普通教区的地区主教。1924—1926年，霍利斯曾在牛津大学伍斯特学院就读。1926年春，在没有毕业的情况下，霍利斯就选择去渣打银行就职，1927年远赴中国香港。次年，他又跳槽去了英美烟草公司，在北平、上海工作生活到1937年才返回英国。1938年，霍利斯加入军情五处，长期负责对苏联和国际共产主义运动的监视侦察工作。1953年他升任军情五处副局长，3年后接任局长。在1956—1965年他的局长任期内，除了发生金·菲尔比叛逃苏联的事件，还发生了涉及内阁大臣，且直接导致保守党政府下台的间谍丑闻，即"普罗富莫事件"。

1961年，陆军大臣约翰·普罗富莫（John Profumo）因为某次看似偶然的机会，结识了一位名叫克里斯蒂娜·基勒（Christine Keeler）的应召女郎，并与其发生短暂的婚外情。但令人意想不到的是，基勒同时也与当时苏联驻英国大使馆高级武官叶夫根尼·伊万诺夫（Yevgeny Ivanov）有染。而伊万诺夫之所以能认识基勒，则是通过一位名叫斯蒂芬·沃德（Stephen Ward）的整骨师、肖像画家。当时伦敦的高级社交圈里有不少达官显贵都是沃德的客户。尽管军情五处方面曾注意到伊万诺夫与沃德有关，但在报告中指出他们的关系是纯粹的友谊；霍利斯则认为无论是基勒与伊万诺夫，还是伊万诺夫与沃德的关系，都没有安全上的重要性。

最终，这桩原本纯属私德的花边新闻变成了一桩有可能涉及国家安全的重大丑闻，并在1963年年初遭媒体曝光。同年3月，在议会作证时，普罗富莫宣称自己与基勒没有任何不当关系。但在媒体铺天盖地的报道压力下，仅仅3个月后，他又被迫承认自己作了伪证，为此辞去了包括陆军大臣在内的一切公职。在古巴导弹危机刚刚平息、冷战热斗正酣之际，陆军大臣被曝与苏联武官拥有同一个情人，且不惜为此撒谎掩盖，这自然引发舆论哗然。这一丑闻重创了哈罗德·麦克米伦（Harold Macmillan）的保守党政府的威信，甚至加剧了麦克米伦当时已经非常糟糕的健康情况，最终迫使其在1963年10月辞职下台。而在随后的大选中，保守党被哈罗德·威尔逊（Harold Wilson）领导的工党击败，保守党长达13年的执政地位就此被终结。

在此事件后，军情五处被认为明明早已掌握了伊万诺夫长期从事刺探英国方面情报的线索，却没能在第一时间向麦克米伦通报该情况，几乎是坐视事发。再加上之前坐视金·菲尔比成功叛逃一事，霍利斯被冠上无能之名也就丝毫不令人奇怪了。而霍利斯对"普罗富莫事件"的辩护则是："我不希望军情五处卷入一场耸人听闻的丑闻，其中的起诉必然要涉及某些臭名昭著且不可靠的证人。安全机构的工作不是调查部长们是否在说真话，也不是提供材料来进行对比、评估。"[14]在面对刚上台的新首相威尔逊时，霍利斯还是向其强调，此事件中的政党因素才是军情五处未能及时采取措施的根本原因。不过，无论这个辩解是否成立，霍利斯的无能抑或是无所作为的形象已经深入人心。

除了无能，霍利斯似乎对被挖出的卧底都非常仁慈。最典型的例子是当1964年安东尼·布伦特被发现是"剑桥五人组"的第四名成员时，霍利斯同意给予他豁免以换取他坦白认罪。此外，英国政府在军情五处的建议下，甚至将布伦特背叛的事实列为机密，并未对外公开。此事在1979年遭意外曝光，而在这之前，布伦特的生活几乎未受任何影响，甚至继续保有他的爵位。当时一本名为《叛国风云》（*The Climate of Treason*）的纪实作品首次向公众揭露了布伦特的间谍行为。

实际上，霍利斯对布伦特近乎特赦的安排，军情五处内部不乏批评与反对者，阿瑟·马丁与彼得·赖特就是其中最重要的两位。由于分别亲自负责和参与对布伦特的调查，他们始终对霍利斯的纵容态度大感不满。美国中情局驻伦敦情报站原副站长、情报史专家克利夫兰·克拉姆亦曾如此评价："即使你不相信霍利斯受制于苏联情报部门……那他肯定是多年来最不称职的管理者……他治下的军情五处管理不善，充斥着无法做对事而又缺乏想象力的木偶。"彼得·赖特与查普曼·平彻则都认为霍利斯刻意进行了隐瞒。[15]而霍斯利当时给出的理由是"这件事非同小可，如果要对布伦特提起公诉，那一定会导致风雨飘摇中的政府倒台"[16]。

除了担任军情五处局长期间的"无能表现"，霍利斯的另一桩可疑行为则可以追溯到1945年二战刚落幕的时候。这一年的9月，苏联驻加拿大大使馆的密码员伊戈尔·古琴科（Igor Gouzenko）突然叛逃，而其真实身份是格鲁乌的工作人员。叛逃的古琴科不仅带走了大量苏联机密文件，还向西方各国指认了大量潜伏在美国、加拿大以及英国的卧底人员。当时在军情五处负责监视共产主义活动的霍利斯领命前往加拿大，负责侦讯古琴科。事后，古琴科曾向查普曼·平彻披露，他曾明确告诉霍利斯军情五处内部已被苏联方面渗透，格鲁乌有一个代号"埃利"的超级"鼹鼠"从军情五处内部长期向莫斯科递送情报：

>（霍利斯）当时只有40岁左右，但他弯腰驼背地向我走来，好像很害怕别人看到他的脸。我被这个人吓了一跳。当我告诉他格鲁乌在英国军情五处内部有一个代号为"埃利"的间谍时，他好像几乎不敢和我说话，对我提的问题很少。我们用英语交谈，但时间很短，甚至都没坐下。他只做了很少的记录（如果有的话），而且表现得似乎想尽快离开我……[17]

之后，霍利斯虽然在给军情五处的报告中提及了"埃利"一事，但他认为古琴科只是道听途说，并不了解详情："我曾试图进一步了解'埃利'传递情报的性质和范围，例如是否提供过关于对德作战的与政治事务相关的情报。但他拒绝回答这些问题。我认为，显而易见，除了前文提及的有限信息，他其实对'埃利'一无所知。"[18]

20年后，霍利斯在报告中的这段话引起了不少人的怀疑，被认为可能是在通过诋毁古琴科证词的可信度来掩护"埃利"的真实身份，而"埃利"可能正是霍利斯自己。

实际上，早在二战期间，军情五处内部就有人担心自己的机构已遭到苏联方面的渗透。1964年罗杰·霍利斯退休前不久，在英国政府的授意下，军情五处和军情六处建立了一个进行内部调查的秘密委员会，代号"FLUENCY"，由彼得·赖特担任主席，阿瑟·马丁是成员之一。

在检视霍利斯的履历时，最容易让人心生疑窦的一段经历便是1927—1937年他在中国的10年。彼得·赖特、阿瑟·马丁都怀疑霍利斯可能就是在此期间与在华活动的格鲁乌情报人员理查德·佐尔格（Richard Sorge）建立了联系，进而被苏联方面招募。[19]

这似乎能解释当年后藤田正晴的困惑：为什么在1966年军情五处还有人对几十年前佐尔格的资料感兴趣，甚至要求日方协助？

理查德·佐尔格（1895—1944）

资料来源：https://en.wikipedia.org/wiki/Richard_Sorge#/media/File:Bundesarchiv_Bild_183-1985-1003-020,_Richard_Sorge.jpg

佐尔格出生于俄罗斯石油重镇巴库，父亲是在当地工作的德国工程师，母亲则是俄国人。他幼时随父亲回到德国，在柏林长大，以德军身份参加过一战。战后，他的思想开始左倾并加入德国共产党。1924年，佐尔格加入共产国际联络部并获得苏联公民身份，正式开始自己的情报生涯。1929年，他加入格鲁乌，开始以德国记者的身份活动。1930年，他被派往上海，负责重建在20世纪20年代被破坏的苏联在华情报网。在华期间，他建立了一个由中国人、日本人、美国人、德国人等多国人士组成的跨国情报网，其日后也被称为"佐尔格小组"。1933年，佐尔格被派往日本，同样成功地建立起了一个能够触及日本政府高层的情报网络。其间，他向莫斯科传递了大量涉及日本战略动向以及纳粹德国的宝贵情报，直到1941年10月他被日方逮捕。1944年11月，佐尔格在东京遭处决，享年49岁。长久以来，佐尔格一直被视为格鲁乌乃至苏联情报史上最杰出的间谍之一。金·菲尔比称其为"无可挑剔的情报员"。

佐尔格之墓，位于东京多磨陵园（本书作者摄于2019年11月）

这项围绕霍利斯的调查持续进行了很多年，甚至在1970年曾传召过霍利斯本人来接受面对面的质询调查。不过，随着1973年霍利斯因病去世，这个调查委员会在还没得出最终结论的情况下就被解散了。对此耿耿于怀且不依不饶想继续追查的彼得·赖特成了当时军情五处负责人眼中的麻烦人物，以致他退休时因"技术原因"而拿不到足额的退休金。

直到查普曼·平彻先后出版的两本书《他们的工作即背叛》《秘而不宣》大卖，才第一次向公众披露了罗杰·霍利斯可能是卧底的传闻，随之而来的政治风波迫使英国政府必须公开应对。1981年4月，撒切尔夫人曾在议会发表了一段极为含糊的回应：

霍利斯不是内奸。尽管很难证明他的清白，但政府的调查也没能证明他有罪。为安全起见，我将要求审查所有的相关安全流程，并对平彻书中提到的情况进行另一次新的调查。[20]

不出意料，之后所谓的重新调查同样没有取得任何实质性的结果。而在司法诉讼中屡战屡败的撒切尔夫人则等来了彼得·赖特回忆录的正式出版。在《抓间谍的人》一书中，彼得·赖特试图从内部人的角度来讲述霍利斯一案，以及冷战期间英国情报系统的种种失败与失控。①

---

① 除了对霍利斯的"指控"，《抓间谍的人》也披露了"剑桥五人组"的诸多细节。此外，还提及军情六处在苏伊士运河危机期间曾计划暗杀纳赛尔，而军情五处某些高级官员曾密谋策划推翻哈罗德·威尔逊政府，希望由蒙巴顿勋爵领导的联合政府取而代之。

FRIEND OR FOE

二

古琴科事件

Secret History of
Cold War
Espionage

在远离苏联边境、遍布世界的很多国家，共产党的第五纵队已经建立起来，服从来自共产主义中心的指令并彼此协作……[1]

——丘吉尔

现在没有人知道是为何而战。因此我不认为美国政府内某些人大谈我们两国之间关系恶化，会有什么可怕的。但我也认为一场新战争的威胁也是不现实的。[2]

——斯大林

4. 不速之客

1945年9月5日傍晚，加拿大《渥太华日报》的晚班编辑迎来了一位不速之客——一个有浓厚俄国口音的年轻人。这位年轻人自称伊戈尔·古琴科，是一位来自苏联大使馆的密码员，他声称自己带着能够揭露潜伏的苏联间谍的机密文件，希望能够得到加拿大方面的政治庇护。听完这个骇人听闻的故事后，《渥太华日报》的晚班编辑却似乎没什么兴趣，转而建议他去找加拿大司法部门。实际上，古琴科来到《渥太华日报》之前已经去找过加拿大皇家骑警，但当值警官拒绝相信这个情节曲折的故事。古琴科转赴加拿大司法部时依旧吃了闭门羹，因为公务员们已早早下班了。

相较于加拿大方面的漫不经心，古琴科则为这次叛逃做足了准备。他先是花了两周的时间来挑选要提供给加拿大当局及其他西方国家的机密文件，甚至还特意做好标记——他把要偷偷带走的文件都提前做了标记，因此他在9月5日当天只花了几分钟就把多达109份文件及密码本迅速抽出带走了。①6日上午，古琴科带着妻子、年幼的儿子，以及那些机密文件再次拜访了加拿大司法部。时任司法部长路

---

① 古琴科晚年回忆时，提供了另一种说法：在叛逃前几周，他就开始悄悄通过夹带的方式将文件偷拿回家，以便不引起注意。

易斯·圣劳伦特（Louis St. Laurent）起初对这个突然冒出来的变节者满腹狐疑，也不打算接纳他和他的家人。在这位加拿大高官看来，此时世界大战刚刚落幕，苏联仍普遍被视为一同对抗法西斯轴心国的盟友。而这一天离日本正式签署无条件投降书、宣告二战正式结束才过去3天。所以在圣劳伦特看来，他眼前的这位叛逃者，更像一位来历不明的不速之客。

那么，这位不速之客究竟是谁？

1943年6月，苏联驻加拿大大使馆的武官尼古拉·扎博京（Nikolai Zabotin）中校到任，古琴科正是他的随行人员，二人的真实身份都是苏联红军的军事情报机构——格鲁乌的工作人员。到任后，扎博京迅速拓展了苏联在当地的情报网，并尝试在加拿大政府内部建立自己的信息渠道。此外，他最重要的目标是搜集有关原子弹、"曼哈顿工程"的一切情报。至于古琴科本人，他是在苏联卫国战争初期才应征入伍的，他先是被安排在工兵部队，之后才被选调去格鲁乌。在经历长达一年的密码强化培训后，古琴科的第一个任务便是远赴加拿大。这一年他刚满24岁。

值得一提的是，在当时的苏联大使馆内，既有格鲁乌的情报人员，也有苏联内务人民委员部的人马。前者是属于苏联红军的军事情报机构，主要负责对外的情报侦搜，苏联历史上最著名的间谍佐尔格便来自格鲁乌；后者则是一个规模更大、层级更高的政治机关，既负责对外情报搜集，也负责反间谍、对内肃反，以及政治保卫等多方面的工作，是冷战期间克格勃的前身。而早在20世纪20年代，苏联内务人民委员部就开始在北美地区活动，主要依托当地的共产党组织。显而易见，格鲁乌与内务人民委员部之间必然会出现一种内部竞争的紧张关系，而这也是莫斯科方面实施部门间彼此监督的一种方式。[3]

在使馆工作期间，古琴科与他的上司扎博京中校相处比较融洽，也看似能胜任密码员的工作。1944年夏天，时逢负责整个北美情报工作的米哈伊尔·米尔斯坦（Mikhail Milstein）上校在苏联大使馆巡视。米尔斯坦是一位颇具传奇色彩却鲜为人知的格鲁乌情报官员。早在20世纪30年代，他就曾假扮拉美裔学生在哥伦比亚大学读书，甚至结识了时任纽约市长、有社会主义倾向的菲奥雷洛·拉瓜迪亚（Fiorello La Guardia），而被视为当时最了解美国的苏联情报人员。纳粹德国入侵苏联后，米尔斯坦安全返回苏联并成了朱可夫的情报参谋。[4]在一次向斯大林大胆建言后，米尔斯坦获得了重用，全权负责苏联针对北美地区的情报作战和秘密行动，他甚至不必向格鲁乌总部汇报工作，而仅向苏联情报系统的最高负责人——贝利亚汇报。

在巡视渥太华时，米尔斯坦注意到年轻的古琴科之所以被获准在使馆外居住，仅仅是因为扎博京中校的妻子不喜欢听到古琴科儿子的哭闹声。他还发现古琴科居然可以接触到保管机密文件的保险箱，其中有大量涉及暗藏在美国、加拿大及英国的情报网的资料。作为密码员，按理说古琴科并没有权限接触到这类机密信息。此外，米尔斯坦还了解到古琴科经常迟到，且还曾因未能及时销毁机密文件而受到上级训斥。起初，米尔斯坦直接要求把古琴科送回莫斯科，甚至将其列为有潜在叛逃风险的对象。然而，扎博京为古琴科说了不少好话，认为他是目前使馆内唯一训练有素的密码员，除非苏联能找到有能力的替代者，不然会对当地工作产生巨大影响。于是，直到1945年夏天，古琴科才接到了回国的调令。而他对米尔斯坦巡视报告中涉及自己的内容也有所耳闻，这让他深感恐慌，担心回国后可能会面临一连串惩罚，以致最后选择了叛逃之路。

在加拿大司法部碰壁后，无处可去的古琴科只好带着家人返回租住的公寓。返家时，古琴科敏锐地注意到自己公寓楼斜对面的街角处停着一辆小轿车，车上还有两个男人正在观察着什么。实际上，这两位是加拿大皇家骑警的便衣。圣劳伦特虽然并没有接纳古琴科，但还是将此事告知了负责外交事务的国务秘书诺曼·罗伯逊（Norman Robertson），而后者则将此事报告给了加拿大总理麦肯齐·金（Mackenzie King）。金是一位非常谨慎的政治家，担心"古琴科叛逃事件"有可能扰乱盟国之间正在进行的战后协商与谈判，因此他起初拒绝采取积极而明确的行动，只是同意派骑警暗中监视古琴科的动向。在这位加拿大总理看来，古琴科是一个烫手山芋，甚至觉得如果他选择自杀，就能让各方都少个麻烦。皇家骑警的便衣便是出于这个目的才来监视古琴科的动向。与此同时，罗伯逊还代表加拿大政府向恰好在渥太华出差的英国军情六处局长斯图尔特·孟席斯（Stewart Menzies）通报了此事。不同于麦肯齐·金不愿惹麻烦的态度，孟席斯马上就意识到此事事关重大，竭力敦促加拿大政府迅速采取行动，并给予古琴科人身保护。

9月6日晚，在发现古琴科可能叛逃后，扎博京马上派出工作人员去古琴科一家的住处搜寻。在砸门许久未见反应后，工作人员便直接撬开了古琴科公寓的门，而此时的古琴科一家正躲在对门的邻居家中并报了警。本就在附近监视的骑警们很快就到了现场，与扎博京派出的工作人员爆发了激烈的言语冲突，但苏联人最终既未能带回他们的密码员，也未能取回被盗走的机密文件。次日凌晨，在英国人的建议下，罗伯逊指示将古琴科一家带走。同一天，苏联大使馆正式通知加拿大政府，称古琴科有盗窃行为，要求将其交给大使馆处置。加拿大政府则否认古琴科在自己手上，只是表示会协助搜寻此人。实际上，在收到最新指令后，皇家骑警很快就把古琴科及其家人秘密安置在位于安大略省的训练与通信中心的 X 军营。

当时的加拿大并没有专业的、独立运作的情报或反间谍部门，只在皇家骑警内部设有一个规模极小的情报侦察部门，因此英国的军情六处、军情五处很快就在第一时间事实上接管了审讯和调查工作。此外，美国的联邦调查局、战略情报局（中央情报局的前身）也参与其中。最早与古琴科接触的英国情报人员是来自军情六处的威廉·斯蒂芬森（William Stephenson）。当时，他是军情六处设在纽约市的英国安全协调办公室负责人。这个办公室主要负责维护英国在美洲地区的安全利益，并与美国战略情报局开展合作。古琴科事件发生后，斯蒂芬森作为西方盟国情报机构的代表被派往加拿大。与此同时，苏联潜伏在军情六处的卧底金·菲尔比在 9 月 12 日发出警报，而苏联方面很快就证实了他的情报。

毋庸讳言，每个外交机构都肩负搜集驻在国各类信息和舆情的任务。然而，根据古琴科及其所携带文件披露的内容，二战期间苏联驻加、英、美的大使馆完全是以谍报为主要任务，甚至还经营着一张遍布西方主要国家的间谍网，其渗透之深、范围之广远远超乎西方国家的想象。由于与纳粹德国的战争，西方各国转而给予苏联外交承认，并进一步视之为盟友；由此，苏联终于能够合法地在西方国家开设使馆，派遣外交人员，进而以使馆为节点，将散布在西方各国的情报网连成一片。

古琴科向斯蒂芬森以及美国联邦调查局的人员披露了在加拿大政府、美国政府，以及英国驻加拿大的高级专员公署的内部存在一张向苏联泄露消息的情报网，并指出苏联方面还通过其间谍活动获取了加拿大、英国和美国在原子弹研发项目中的机密情报。根据斯蒂芬森的初步调查，至少有20名美国人、加拿大人、英国人被认为有苏联间谍的嫌疑，且分布在两国的政府、军队及学术界不同级别的职位上。例如美国国务院的助理国务卿阿尔杰·希斯（Alger Hiss）、加拿大国会议员弗雷德·罗斯（Fred Rose）、参与曼哈顿计划的德裔英籍科学家克劳斯·富克斯（Klaus Fuchs）与艾伦·纳恩·梅（Alan Nunn May）等。在这些为苏联传递情报的间谍中，克劳斯·富克斯

克劳斯·富克斯（1911—1988）
资料来源：https://en.wikipedia.org/wiki/Klaus_Fuchs#/media/File:Klaus_Fuchs_-_police_photograph.jpg

富克斯来自德国的一个路德宗牧师家庭，毕业于莱比锡大学。他不仅是一名理论物理学家，还对政治运动非常投入，先后加入德国社会民主党和德国共产党。纳粹上台后，富克斯移民到英国并在布里斯托大学、爱丁堡大学拿到两个博士学位。二战爆发后，他参与了英国的原子弹项目研发，并于1943年前往美国并加入了奥本海默领导的曼哈顿计划。自1942年起，他开始向苏联方面传递有关英美原子弹研发的绝密情报。由于古琴科事件以及之后的维诺那计划引发一系列调查，富克斯在1950年被正式逮捕并承认了自己的间谍行为，被判处14年有期徒刑。他在服刑9年后获释并移居民主德国。在民主德国，富克斯被选为科学院院士，还曾担任德累斯顿中央核物理所副所长，直至1978年退休。

和艾伦·纳恩·梅与英国方面直接相关。[5]实际上,正是军情五处的罗杰·霍利斯批准了克劳斯·富克斯去美国直接参加原子弹研制项目,为他的背景审查开了绿灯。

出生于德国吕瑟尔斯海姆的富克斯早在20世纪30年代初就曾加入德国共产党,移居英国后依旧信奉左翼思想,并一直在寻找为苏联和国际共产主义运动贡献力量的机会。1941年秋,他开始通过德国共产党原成员、后移居英国、代号为"索尼娅"的格鲁乌成员乌尔苏拉·库琴斯基(Ursula Kuczynski)向莫斯科传递有关原子弹研究的一系列情报。1942—1943年,在牛津郡乡间小路上,库琴斯基常会与富克斯假扮成一对情侣,一边漫不经心地散步,一边交换情报。库琴斯基后来这样回忆:

> 克劳斯和我在一起的时间从未超过半个小时。其实我们传递情报两分钟就足够了。但除了见面的愉快,如果我们立刻分开而不是一起散会儿步,那反而更容易让人起疑。没有在如此孤立的环境中生活过的人很难理解遇到另一位德国同志的机会是多么珍贵。[6]

每次与富克斯散完步,库琴斯基便会从自己花园里的隐蔽角落里取出一台巧妙伪装的发报机,向苏联发去电报。之后,富克斯被派往美国直接参与曼哈顿计划,更是为苏联方面提供了大量更有价值的核武器情报,大大加快了苏联的原子弹研发进程。此外,值得一提的是,为富克斯传递情报的乌尔苏拉·库琴斯基曾于1930—1935年在中国生活,其间结识了格鲁乌的传奇间谍理查德·佐尔格,正是佐尔格将她正式招募进格鲁乌的队伍的。

在1943年富克斯被派往美国加入曼哈顿计划后,他的联络关系也随之被转移到美国。苏联内务人民委员部档案中的一份文件曾这样记录道:

> 克劳斯·富克斯自1941年8月以来一直是我们的信息来源,当时他是通过乌尔苏拉·库琴斯基(一名流亡在英国的德国共产党员)的推荐而被招募的。随着实验室转移到美国,富克斯也将离开。我们已经采取措施在美国与富克斯建立联系。[7]

乌尔苏拉·库琴斯基,又名鲁特·维尔纳(Ruth Werner),出身于一个富裕的德国犹太家庭,父亲是一名经济学家。19岁时她加入德国共产党。1930年她随工程师丈夫去了上海,并在那儿结识理查德·佐尔格,随即成为格鲁乌的情报员,也是佐尔格小组的成员之一,代号"索尼娅"。1935年,库琴斯基离开上海,先后在波兰、瑞士从事情报工作。1940年离婚,其第二任丈夫也是格鲁乌成员。在搬去英国后,她建立起自己的情报网络,负责与大量潜伏在各行各业的线人接头,富克斯也是其中之一。富克斯被捕后,库琴斯基离开英国,返回民主德国,先后两次被授予红旗勋章。晚年她转型为一名青少年及儿童文学作家,她回忆自己间谍岁月的自传一度成为畅销书。在书中,她将佐尔格称为"我的老师和我的榜样"。不少情报史研究者认为库琴斯基可能是二战前后苏联在英国最重要、贡献最大的间谍,也是苏联历史上最顶尖的间谍之一。甚至有格鲁乌的官员认为,"如果我们在英国有五个'索尼娅',那么战争会更早结束"。对此,库琴斯基认为自己只是扮演了一个信使的角色。

土生土长的英国科学家艾伦·纳恩·梅被格鲁乌方面招募的时间

比富克斯更早。他还在剑桥大学物理实验室工作时，就已经开始向苏联提供有关剑桥实验室、铀钚元素分离获取方式等方面的情报。1943年，艾伦·纳恩·梅被派往加拿大的蒙特利尔实验室。1945年年初，扎博京成功地与他重新建立了联系。艾伦·纳恩·梅除了向扎博京转交了大量涉及曼哈顿计划的情报，甚至还提供了162毫克氧化铀233和浓缩铀235的样品。[8]而且这一切除了扎博京，身为密码员的古琴科也同样知晓。

艾伦·纳恩·梅毕业于剑桥大学三一学院，与"剑桥五人组"之一的麦克莱恩是同学，曾加入英国共产党。获得博士学位后，他在伦敦国王学院任教。他早年从事雷达的研究工作，之后转向重水反应堆项目。1943年，梅被调往蒙特利尔的重水反应堆实验室。在加拿大期间，他向苏联方面提供大量涉及原子弹研发的情报。古琴科事件后，艾伦·纳恩·梅成为最早一批被定罪的核间谍。1946年5月，他被判处10年有期徒刑，于关押6年后获释。之后，由于在英国国内无法谋得教职，他不得不远赴非洲的加纳大学任教，直到1978年退休。2003年梅去世前曾发表声明称，之所以将核研发的机密告诉苏联方面，完全是出于自己的道德责任。

古琴科叛逃后，随着这些卧底的曝光，当时的英国政府及其情报部门陷入一个非常尴尬的境地。诺曼·罗伯逊就曾向英国驻加拿大高级专员马尔科姆·麦克唐纳（Malcolm MacDonald）抱怨：战争期间，英国负责对派往加拿大从事核武器研究的英国科学家进行安全审查，那么如今出现了如艾伦·纳恩·梅这样的间谍丑闻，英国政府理应负最大责任。而相较加拿大人的抱怨，当时的英国人更担心美国人的态度。如何避免美国方面对英国情报安全审查失职的批判乃至追责，并将美国引向共同对抗苏联的政策，这将是英国方面最紧迫的任务。

5. 英国人的算计

冷战史权威梅尔文·P.莱弗勒（Melvyn P. Leffler）在其名作《权力优势：国家安全、杜鲁门政府与冷战》（*A Preponderance of Power: National Security, the Truman Administration, and the Cold War*）中将二战刚结束的这段时间视为"美苏关系再定位"的关键时期。从1945年夏至1946年春，大量欧美国家的民众对苏联的态度迅速地从"战争盟友"恶化为"敌人"。根据民意调查，1945年3月，高达55%的受访美国人认为可以信任苏联，而到了1946年3月，这个数字猛降至35%。相较于民众态度的变化，莱弗勒认为以杜鲁门为代表的西方国家对苏政策的调整其实走在民意变化之前。而在这个调整过程中，古琴科事件成为一个非常具有象征意义的例子。

在代表军情六处的斯蒂芬森跟古琴科进行初步的短暂接触后，军情五处负责监视共产党活动的罗杰·霍利斯被正式派往加拿大安大略省的X军营。他有可能是在1954年9月18日或19日就抵达了渥太华。不过，有趣的是，斯蒂芬森似乎并不太喜欢这位军情五处来的同僚，他甚至建议伦敦方面早点把霍利斯召回伦敦去。但无论如何，霍利斯最终还是接管了斯蒂芬森的工作，直接负责审讯古琴科，甄别其透露的情报和文件，并对事态进行评估。

11月，罗杰·霍利斯代表英国情报机构起草了一份给英国首相艾德礼的报告，提出了三个方案供其选择：

第一，严格保密，对古琴科披露的间谍网进行监视；

第二，抓出间谍，驱逐苏联的外交官，简单直接，但苏联方面可能将其当作外交事件来处理；

第三，故意将消息透露给媒体，当其演变为重大国际新闻后，苏联方面肯定会进行外交抗议，到时候再将古琴科披露的证据拿出来，彻底在国际舆论的战场上予以曝光。

英国的情报部门皆倾向于第三个方案，还坚持认为低调处理此事是根本不可能的。在他们看来，这些卧底身居要职，显然不可能不对其采取行动。但若要侦讯、逮捕乃至起诉这些隐藏的卧底，那就不可能不为外界所知晓。

最终，英国时任外交大臣欧内斯特·贝文（Ernest Bevin）说服了艾德礼，使他最终采纳了情报安全部门的建议。实际上，早在1943年，丘吉尔就曾让艾德礼负责处理过战时的情报管理工作。因此艾德礼对军情五处、军情六处的工作并不陌生，甚至可能是继丘吉尔之后跟情报部门关系最亲近的英国首相之一。在古琴科事件的处理过程中，英国情报部门几乎越过加拿大政府，直接向他们的加拿大同行发号施令。

当然，除了上述向英国政府提供的处理建议，通过霍利斯的报告，英国情报机构也从古琴科那儿得知了可能存在一个代号为"埃利"的超级"鼹鼠"潜伏在英国的反间谍部门（即军情五处）。但霍利斯在给总部的报告中指出：古琴科应该只是听说过或见过这个代号，对其他具体情报一无所知。而这个理应引起高度重视的线索，似乎因此被轻易放过。对当时的英国政府和情报部门来说，如何降低古琴科事件发生后的连锁伤害似乎才是真正亟须处理的难题。

需要注意的是，无论是丘吉尔还是艾德礼，都是从英美关系乃至西方盟国之间战略格局的角度来考虑古琴科事件。在二战刚刚落幕之际，相较于迅速调整对苏态度的英国，美国（尤其是其社会舆论）对苏观感仍一度停留在战争盟友阶段。而更让英国担忧的是，当时美国似乎并没有在欧洲长期保持政治和军事存在的打算。最明显的例证就是罗斯福在雅尔塔会议上曾向斯大林表示美军计划战后两年内全部从欧洲撤走。而意外入主白宫的杜鲁门在二战爆发时还只是一个名不见经传的参议员，极度缺乏国际外交事务的经验。在欧洲面临苏联直接压力的英国，亟须尽快引导美国重新调整欧洲政策及对苏态度。[9]

1945年年底至1946年年初的美国政府，在包括古琴科事件在内一系列事件的影响下，开始逐步将苏联视为敌人。站在美国的立场上，这种非黑即白的简化处理模式，可以将使国家事务陷入困境的一切责任全部推给苏联。而对处理国际问题并无经验的杜鲁门来说，这种处理模式正中其怀。古琴科事件发生后，躲在幕后施加影响的英国政府也正是看准了这一点。

如何利用英美特殊关系的政治想象来影响美国，成了当时英国人心中最紧要的任务。古琴科事件恰好提供了一个契机。二战爆发前，英国的外交与情报部门就有利用美国媒体来影响舆论以支持战争的经验。此时，其则非常希望这桩在加拿大发生的揭露北美苏联间谍网的情报丑闻，能够掩盖英国在安全领域的疏失，同时让美国人转而认识到苏联对西方世界的严重威胁，并将这件令人尴尬的丑闻转变为对西方社会尤其是美国社会的警示教育，进而继续强化战后动荡岁月中的英美关系。

1945年9月30日,麦肯齐·金在英国方面的强烈建议下,第一次向杜鲁门详细介绍了古琴科事件的经过以及相关文件的内容。不久后,杜鲁门从反间谍部门得知助理国务卿阿尔杰·希斯居然也是苏联间谍。这一系列事件,开始让杜鲁门认识到苏联对西方阵营渗透的严重程度。10月底,联邦调查局曾考虑依照古琴科所披露的文件资料在美国开展逮捕行动,但由于缺乏可以用于起诉的直接证据,最终不得不推迟行动。而麦肯齐·金则不愿意先单独采取行动,不愿在美国人没有采取类似行动的情况下,单独与苏联人发生直接冲突。1945年12月底,多家英国、美国报纸又刊登了联邦调查局调查苏联间谍窃取美国喷气发动机技术的报道。这让金非常警觉,他担心英美有可能通过向新闻界"泄密"的方式来倒逼加拿大政府尽快采取强硬措施。事实上,英国人确实有这个打算。[10]

1946年1月,英国方面开始持续向加拿大施压。2月4日,麦肯齐·金终于同意成立特别调查委员会,对涉及古琴科事件的嫌疑人施行逮捕、拘留并审讯。5日,麦肯齐·金向全体阁僚通报了古琴科事件。10天后,第一批共12人被捕,最终有将近40人被捕,其中,既有美国人,也有加拿大人与英国人;既有议员、政府官员,也有参与曼哈顿计划的科学家。同时,美国的专栏作家德鲁·皮尔逊(Drew Pearson)率先在媒体上披露了此事,而皮尔逊的信源据说来自英国方面。[11]

2月10日,杜鲁门在白宫接待了英国前首相丘吉尔。丘吉尔花了几个小时向杜鲁门说明他即将在富尔顿威斯敏斯特学院发表演说的主要内容,警告全世界要警惕苏联的意图并呼吁英美进行军事合作。

在莱弗勒看来,丘吉尔的"高论"显然打动了杜鲁门,而古琴科事件这类插曲无疑成为丘吉尔说服美国政府和民众最好的例证。某位白宫幕僚曾在日记中如此记录道:在与丘吉尔长谈后,"杜鲁门总统非常希望让美国的政策更加强硬"。2月22日,乔治·凯南从莫斯科发出了那封同样著名的长电报,其内容与丘吉尔几天前在白宫的言论遥相呼应。凯南敦促白宫尽快把苏联视为他们的敌人,同时拒绝承认苏联的存在具有任何合法性,从而将苏联人的恐惧和不安全感推向一种非理性的状态。[12]

6. 敌人的构建

1946年3月5日，酝酿已久的丘吉尔终于在美国富尔顿威斯敏斯特学院发表了著名的"铁幕演说"。除了洋洋洒洒地描述苏联肆无忌惮地拓展势力范围，丘吉尔特别提到了西方国家内部所隐藏的危险："在远离苏联边境、遍布世界的很多国家，共产党的第五纵队已经建立起来，服从来自共产主义中心的指令并彼此协作……共产党或第五纵队对基督教文明已经构成了日益严重的挑战和威胁。"

回归当时的语境，丘吉尔的这段话其实有非常明确的针对性。

不过，即便是在古琴科事件被曝光之后，美国及加拿大舆论界也并非一夜之间就转向了全面反苏的论调。《纽约时报》还曾在加拿大特别调查委员会第一份临时报告对外公开后指出："这个情报网向苏联泄露的内容，大部分都可以通过战争期间各国间军事联络系统获得。"换言之，泄露情报的机密等级并不高，甚至本就是战时有可能彼此交换的信息。此外，调查委员会经审讯发现大部分苏联间谍都是共产主义或者社会主义理念的信奉者，且其大多认为在战争期间向作为盟友的苏联透露情报算不上叛国行为。1946年6月，特别调查委员会又发布了一份蓝皮书，认为之所以会发生这么大规模的间谍活动正是因为相当多的人对苏联、共产主义、共产党产生了"一种错误的同情"[13]。

在丘吉尔以及艾德礼看来，围绕古琴科事件调查的重点并不在于泄露情报的重要程度，而在于从舆论上强化苏联的敌人形象，制造二元对立的政治氛围，让西方国家尤其是美国转而将苏联视为新的敌人。而古琴科本人甚至一度成为媒体明星，戴着头套或面具，频繁接受采访甚至在电视节目上露面，亲自向西方民众揭露苏联间谍组织的无孔不入与可怕。1948年，20世纪福克斯公司甚至以古琴科事件为蓝本，拍摄了电影《铁幕》（The Iron Curtain），使得古琴科事件在西方更加深入人心，成为苏联势力威胁西方的明证。

首先，从冷战历史上看，古琴科事件在西方国家产生了深远的社会影响，几乎彻底抹除了西方民众在二战期间积累的对苏联的善意和信任，还有效压制了各国"左派"的政治活动，也为冷战的开始进行了舆论暖场。欧美民众对苏联的观感迅速恶化，战争期间对

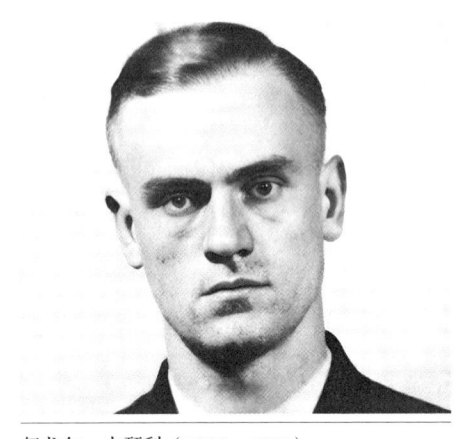

伊戈尔·古琴科（1919—1982）

资料来源：https://en.wikipedia.org/wiki/Igor_Gouzenko#/media/File:Igor_Gouzenko_1946.jpg

1946年后，加拿大政府给了古琴科一个新的身份，他以"乔治·布朗"的化名生活在蒙特利尔的郊区。他与妻子一共养育了8个孩子，但对子女隐瞒了自己的真实身份。他们的子女曾一度以为自己的父母是来自捷克的移民，长大成人后才逐渐得知真相。冷战期间，古琴科曾出版过自己的回忆录，并且会戴着夸张的头套参加电视节目。

二、古琴科事件

苏的声援烟消云散，整体政治倾向急速右转。再从国际关系的层面来说，不安全感始终是各类战略、政策的原始驱动力。双方之间的互信基础一旦崩塌，就会去无限放大彼此的威胁。若从长时段来观察，这种对恐惧或不安全感的管控效果，直接决定了历史中的修昔底德陷阱是否成为某一段自我实现的预言。1946年前后的冷战不过是一个例子。

"凯南电报""铁幕演说"从本质上否定了苏联政策有任何合法性，转而将苏联对自身国家安全的忧虑和不安全感描绘成一种非理性的东西。而古琴科事件则成为这一系列认知的最佳注脚。上述这一系列事件在事实上动摇、瓦解了西方阵营在二战期间累积的对苏善意和信任感，进而将之视为错误的同情。随之而来的"麦卡锡主义"不过是这条延长线上的必然产物而已。

1946年的美国中期选举，共和党时隔十年后再一次赢得国会选举的一个重要背景就是警惕苏联间谍的政治氛围。共和党对杜鲁门政府的最大攻击之一，便是其未能有效处理苏联势力在美国国内的渗透问题。整个华盛顿的政治气候随之骤变，胡佛的联邦调查局也开始公开指责联邦政府内部仍然隐藏有共党分子。而1947年春天，艾德礼在英国成立了反颠覆活动委员会，并亲自组织英国与各英联邦国家开展反间谍合作。

相较于西方阵营的风云变幻，苏联当时的对外政策却显得更为稳定。撇开其对内政策，斯大林主导下的苏联对外政策更近乎机会主义，重视意识形态但又非常讲究实际。莱弗勒就很坦率地指出："无论是斯大林发表的讲话还是他采取的行动都不像一些美国政府的官员所认为的那样具有威胁性。"他认为跟美国建立谅解或者缓和关系，与苏联的国家利益并不矛盾。若从更长时段的历史来观察，就不难发现这其实是斯大林长久以来对外政策的固有模式。苏联创建之初就面临着外界的各类直接威胁，因此斯大林在外交领域所追求的是安全感，但常以向外扩张等咄咄逼人的形式来实现。不过，在强势态度与意识形态对抗的背后，基于现实主义的考量始终是斯大林外交决策的基本底色。例如他既可以在日本侵占中国东北后，为求苏联远东地区的暂时平静而决然放弃中东铁路，也可以在1937年后大力援助中国抵抗日本侵略；他既可以在20世纪30年代与西方国家探讨集体安全的可能性，也可以转而与纳粹德国签订互不侵犯条约。即便是在冷战序幕拉开后，无论是在柏林危机还是在伊朗危机中，斯大林看似剑拔弩张的行为背后都显露出一种现实主义的谨慎心理。若从这个角度来重新审视莱弗勒对"冷战发生学"[14]的描述，或许就能理解其对冷战起源多元化解释的意义所在。

1946年12月21日，罗斯福总统的遗孀埃利奥特·罗斯福曾与斯大林有过一次会谈。其间，埃利奥特曾提出两个问题：第一，美国这样的西方民主国家是否有可能与苏联这样的社会主义共和国联盟和平共处，而且任何一方都不会试图干涉对方的内部政治事务；第二，刚刚结束的美国中期选举是否意味着美国人民对罗斯福主义的背弃。斯大林对这两个问题的回答都很干脆。首先，他认为双方和平共处"不仅是可能的，而且是合理的，是完全可行的"；其次，他批评现在的杜鲁门政府"浪费了罗斯福总统所留下的道德和政治遗产，因此才会让共和党在中期选举中大胜"。在会谈的最后，斯大林对于急转直下的美苏关系发出了这么一句感慨："现在没有人知道是为何而战。因此我不认为美国政府内某些人大谈我们两国之间关系恶化，会有什么可怕的。但我也认为一场新战争的威胁也是不现实的。"

无论如何,此时此刻冷战大幕的开启已不可逆转。

在第一线目睹这一切开场的罗杰·霍利斯返回英国后,也开启了自己在军情五处仕途的上升之路。显而易见,伴随着冷战大幕的开启,他所负责部门的重要性变得越来越高,又或许是出于别的什么原因,在之后短短五六年间,他就爬到了军情五处副局长的高位,并在不久后成为军情五处的一把手。

对古琴科来说,围绕"埃利"的疑团始终未消散。尽管霍利斯在1945年给军情五处总部的报告中认为古琴科对"埃利"是谁的真相几乎一无所知,但在20世纪50年代初与70年代初,都曾有英美不同背景、不同机构的人员要求他重新回忆并提供有关"埃利"的一切线索。

苏联方面曾在第一时间试图搞清楚古琴科到底向西方泄露了多少秘密,并警告潜伏在机要位置上的卧底千万不要轻举妄动,做好既有联系渠道可能会被切断的准备。1945年9月21日,情报部门在一封给苏联驻英国大使馆的绝密电报中,专门提醒代号为"希克斯"的间谍在当前情况下将注意力放在重大事务上,不要冒险传递一些琐碎的信息,同时指示另一名代号为"斯坦利"的潜伏间谍尽可能探察古琴科的消息。实际上,美国的军事情报机构曾通过一个名为维诺那计划的监听项目在第一时间拦截了这份解密电报的内容。然而,当时英美的各个情报机构不知道这些间谍的真实身份。直到近20年后,他们才知晓"希克斯"和"斯坦利"便是"剑桥五人组"中的盖伊·伯吉斯与金·菲尔比。[15]

FRIEND OR FOE

三

"剑桥五人组"

Secret History of Cold War Espionage

当时派往阿尔巴尼亚的特工都是武装人员……他们知道自己所冒的风险。我为苏联的利益服务，而苏联的利益要求我必须挫败这些人。只要我帮助打败了他们，即使造成了他们的死亡，我也无怨无悔。[1]

——金·菲尔比

金·菲尔比的演技令人叹为观止！[2]

——尤里·莫丁（Yuri Modin）

你不能像打仗时那样随随便便就一枪毙掉一个间谍。你要试探他……最好是揭他的老底，然后控制住他，但永远不要抓他。[3]

——哈罗德·麦克米伦

7. 祸不单行

绝密

发自纽约

日期：1945-11-23

编号：787

霍利斯致军情五处：

A. 周三我短暂拜访了"柯比"（CORBY）。他的诚实和坦率给我留下了非常好的印象。

B. 我特别了解了"埃利"一事，观点如下：

1. "柯比"破译了两封来自苏联驻英国武官的电报，一封称"埃利"正前往杜博克，另一封则称英国驻苏联的武官不愿透露当地英国特工的姓名。

2. "库拉科夫"（KOULAKOFF）曾在1943年告诉"柯比"，"埃利"是高级情报委员会的成员，他有俄国背景，曾在英国反间谍部门工作。"柯比"记得"柳比莫夫"在说到这个委员会时，曾提到数字5。

紧接前一份电报：

1. 1945年，"柳比莫夫"曾告诉"柯比"，一名苏联的高级特工正潜伏在英国。他没有说这名特工就是"埃利"本人，并不愿意多讨论此事，"柯比"也没有追问。

2."柯比"告诉我，他不知道"埃利"曾报告过两起驻伦敦武官的文件或其他办公室文件被盗的事件。

3.我试图进一步了解"埃利"所提供情报的性质和涉及的范围，例如我曾问他"埃利"是否提供了有关德国战争部署、政治动向等方面的情报。"柯比"说他不知道，并拒绝在这些问题上提供线索。我认为，显而易见，除了前文提及的信息，他对"埃利"一无所知。[4]

这是罗杰·霍利斯1945年在与叛逃的古琴科谈话后，发给军情五处的秘密报告。其中，"柯比"是加拿大皇家骑警给古琴科起的代号，而"柳比莫夫"和"库拉科夫"都是古琴科在格鲁乌的同事。除了这封简短的电报，霍金斯还起草了一份长达数页的正式报告，其中对古琴科的价值提出了进一步的疑问并淡化了"埃利"的潜在危险。

当时，在为数极少能读到霍利斯报告的人中，有一位在翻阅这份报告后长舒了一口气。这便是苏联电报中代号"斯坦利"的金·菲尔比。而他不久之后就会声名大噪，甚至成为冷战期间最知名的间谍。1944年年初，考虑到击败纳粹德国和日本后，苏联很可能再次成为英国的对手，军情六处重组了负责针对共产阵营的九课。而当时已经为苏联默默传递情报长达十年的金·菲尔比成为九课的负责人。古琴科事件后，菲尔比在1945年9月9日（古琴科被加拿大方面送去X军营两天后）就得知了此事，他非常担心围绕"埃利"的调查可能会导致自己的卧底身份暴露。

当军情六处局长孟席斯征求有关此事件的建议时，菲尔比认为古琴科"提供的消息是真实的，尽管不一定所有的细节都准确"，而"他的消失在苏联大使馆引起了一阵恐慌"。此外，他提出了应由负责反间谍工作的军情五处派出一名熟悉苏联的人前往加拿大与古琴科直接接触，甚至给出了具体的人选——罗杰·霍利斯。当被问及为何推荐霍利斯时，菲尔比曾如此表示："我在军情五处的合作对象就是罗杰·霍利斯，他是五处负责调查苏联和共产主义事务的负责人。他为人谨慎、讨人喜欢。尽管有点怕担责任，但我们相处得不错，总能毫无保留地交换情报。"[5]时任军情五处副局长盖伊·利德尔（Guy Liddell）接受了菲尔比的建议，他也认为经验丰富的霍利斯是一个合适的人选。

菲尔比还希望能以一种更为巧妙、隐蔽的方式来控制与延缓古琴科相关情报在英国国内的传播。他建议此后所有有关古琴科事件的通信信息都应该由军情六处的相关部门来负责传递。因此之后霍利斯侦讯古琴科的相关信息，都要先经过菲尔比后才会传递给军情五处，而"他似乎十分擅长清除、修改或只是推迟一些重要信息，还能做得不露骨"，以至军情五处方面难以直接提出抗议。[6]

在成功将霍利斯"送去"处理古琴科事件后，菲尔比终于可以全力应付当时他正面临的另一个要命的难题。对当时的金·菲尔比来说，所谓祸不单行莫过于此。

1945年8月底，一位名叫康斯坦丁·沃尔科夫（Konstantin Volkov）的苏联驻土耳其伊斯坦布尔的副领事突然联络英国在当地的总领事馆，透露想要叛逃至英国。而这位副领事的真实身份是苏联内务人民委员部的特工。起初，英国总领事的反应跟古琴科事件中的加拿大人如出一辙，认为这只是一场恶作剧而未加理睬，直到9月上旬沃尔科夫带着夫人第二次登门后才意识到此事非同一般。沃尔科夫要求英国政府提供5万英镑，并许诺提供政治避难。作为交换，他可以向英国人提供一份多达数百人的苏联在土耳其和英国的潜伏人员名单。

此外，沃尔科夫还向英国人透露自己手里另有一张价值连城的王牌：他知道英国外交部有两名外交官是苏联间谍，在伦敦的某个反间谍部门里也有一名苏联间谍。事后证明这两名外交官分别是唐纳德·麦克莱恩和盖伊·伯吉斯，而另一名军情六处的"鼹鼠"就是菲尔比本人，这三位都是大名鼎鼎的"剑桥五人组"的成员。不过，沃尔科夫当时并没有直接透露写有这三个人名字的名单，而是拿在手里待价而沽。他要求英国人在三周内给予答复，并告诫英国领事馆绝不能通过电报告知伦敦，因为苏联人已经破译了英国人的通信密码。于是，记载此事的报告只能通过外交信使来传递，花了一周的时间才被送到军情六处局长孟席斯手上。而孟席斯随后把这个消息通报给了九课的负责人，即菲尔比本人。

> 我把文件带回办公室，告诉自己的秘书，除非局长亲自打电话来，否则不要打扰我。我非常想一个人待着。我需要花点时间来搞清这事的背景。我很确定我们从未听说过沃尔科夫。他大概是想提高自己的价值，所以才用如此含糊的方式来描述自己的人员名单，而不愿轻易提供可供调查的直接线索。[7]

菲尔比非常震惊地在这份绝密的报告中读到，沃尔科夫声称某位英国反间谍机构的负责人是苏联人的"鼹鼠",而这正是菲尔比本人。此外,报告中提及的两名外交官,无疑就是麦克莱恩和伯吉斯。一旦沃尔科夫真的提供了这份名单,就意味着剑桥间谍网的覆灭。

然而,幸运的是,此时的菲尔比在军情六处内部并未被怀疑,甚至深受"C",即局长孟席斯的信任,因此他决定主动出击,成功说服孟席斯同意他亲自赴土耳其来处理此事。与此同时,他也将沃尔科夫企图叛变投敌的信息以最保密和可靠的方式告知了苏联方面。之后,他以各种方式在军情六处、军情五处以及英国外交部之间周旋,一再推迟自己前往伊斯坦布尔的行程。他当时已被任命全权负责此事,因此伊斯坦布尔当地领事馆及情报人员都无法进一步与沃尔科夫接触、谈话,也无法给予他任何许诺或实际援助,只能静待菲尔比的到来。而菲尔比一再拖延出发,正是希望为苏联方面提供采取措施的时间。最终,在事发3周后,菲尔比才启程。当他终于抵达时,沃尔科夫已经被克格勃派来的人塞进了飞往莫斯科的飞机,此后就再也没了音讯。

围绕此事的风波,金·菲尔比的延宕行为自然遭人指责,而他先非常巧妙地将责任推给了沃尔科夫。用菲尔比的话来说就是,"在我看来,时间是最重要的因素。由于沃尔科夫拒绝使用电报,这个案子的报告花了10天才到我手上。我个人觉得他其实是过于恐惧了"[8]。于是,菲尔比辩解说,他之所以迟迟未能动身,是因为沃尔科夫坚持必须通过外交信使来传递信息,怕被苏联方面窃听,拒绝使用电报,这才导致他与伊斯坦布尔方面的沟通效率极低。

此外,他还把责任推给军情六处与外交部之间的官僚扯皮。沃尔科夫是通过外交渠道来表达叛逃意愿的,因此,外交部自然希望能监督此事并分到最大的功劳。菲尔比在沟通过程中，便有意地刺激外交部这方面的心理，人为制造了很多官僚机构间常见的矛盾，进而顺理成章地拖延了自己的行程。经过这番政客式的卸责操作，菲尔比不仅逃脱了被追究责任，也没有引起对其身份的怀疑。

尽管有很多线索都显示英国情报机关内部可能有被苏联方面渗透的危险，但军情六处局长孟席斯依旧拒绝进行全面的内部调查。新近解密的档案显示，在经历沃尔科夫事件以及古琴科事件后，孟席斯如此对内阁表示："要仔细检查过往的所有记录，并对所有可能的人都进行监视，既不切实际，也有违公平原则。"[9]

斯图尔特·孟席斯，1939—1952年出任军情六处局长。在他任内，军情六处得以快速扩张并成为英国政府内部重要的实权机构，主导了对轴心国通信密码的破译工作。此外，他还负责对德占区抵抗组织、德国本土反纳粹组织的援助工作。凭借在情报领域的突出贡献，他与丘吉尔建立了极为密切的合作关系。相较于在对外情报战中取得的战果，孟席斯对军情六处的内部管理则常遭到诟病。作为一名典型的英国贵族，孟席斯在主管军情六处时，喜欢招募、重用那些同样来自上流社会的子弟，抑或是他社交圈中的熟人。金·菲尔比因此获得了孟席斯的信任与垂青。二战期间，联合情报委员会的主席波特兰公爵威廉·卡文迪什-本廷克曾批评孟席斯对人缺乏判断力，"如果没有主持布莱切利公园的密码破译工作，他在六处局长的位置上可能待不了一年"。

1946年年初，躲过先后两次意外的菲尔比甚至还被派驻伊斯坦布尔，以总领事馆一等秘书的身份为掩护，负责管理当地及巴尔干的英国间谍。其间，菲尔比将美国与英国招募和训练亚美尼亚、格鲁吉亚、阿尔巴尼亚在西欧的侨民，并把其送回母国进行渗透的计划告知了苏联方面，导致这一系列相关计划的失败，以及数百名武装

分子（特工）被消灭。多年后，菲尔比对此的评价是：

> 当时派往阿尔巴尼亚的特工都是武装人员……他们知道自己所冒的风险。我为苏联的利益服务，而苏联的利益要求我必须挫败这些人。只要我帮助打败了他们，即使造成了他们的死亡，我也无怨无悔。

在沃尔科夫事件与古琴科事件中，金·菲尔比之所以能如此顺利地化险为夷，除了他本人的机敏果断，也跟他优越的出身背景不无关系。实际上，包括他在内的"剑桥五人组"几乎都来自英国的上流社会且都曾在剑桥大学三一学院就读，属于名副其实的帝国精英。作为曾经的日不落帝国，英国外交部以及负责对外搜集情报的军情六处往往偏爱这类受过精英教育且出身良好者，因为他们本就是这个帝国的统治阶层，掌握统治阶层的话语体系、知识背景以及社交规范，会被给予理所当然的政治信任。

8. 环环相扣

"剑桥五人组"是苏联情报部门在英国本土招募、组织的一个间谍网络,自二战前就开始向莫斯科传递情报。他们分别是金·菲尔比(代号"桑尼""斯坦利")、唐纳德·麦克莱恩(代号"霍默")、盖伊·伯吉斯(代号"希克斯")、安东尼·布伦特(代号"约翰逊")以及约翰·凯恩克罗斯(John Cairncross,代号"李斯特")。这五位都是20世纪30年代在剑桥大学求学或工作期间被苏联方面秘密招募的,因此才有了"剑桥五人组"这个称呼。根据事后的调查和档案,苏联方面对上述五人的招募大概分为先后两个时期。1934年,依次招募了菲尔比、麦克莱恩和伯吉斯。之后,在1937年又招募了布伦特和凯恩克罗斯。这批人出身英国上流社会,为什么甘于充当苏联的"鼹鼠"?这显然不是出于简单的名利考虑,他们既不缺钱,也不指望间谍工作会带给他们荣誉,似乎只是出于一种单纯的理想主义冲动。从20世纪二三十年代开始接触社会主义、共产主义思想后,这批注定成为英国社会精英的人物便心甘情愿地为了一个人类新制度的可能性而充当了双面间谍。

在剑桥就读期间,菲尔比就已表现出对共产主义思想的向往。他父亲曾对金·菲尔比进入政府工作后能维持对英国的忠心感到怀疑。在大学导师的引荐下，菲尔比还曾加入支援受纳粹迫害的德国受害者的救济组织，并在1933年夏天毕业后前往奥地利参与对德国共产党员的营救工作。其间，他认识了奥地利共产党员、犹太女性利茨·弗里德曼（Litzi Friedmann）。多年后，弗里德曼曾这样回忆她对金·菲尔比的第一印象：

> 当我第一次见到金时，他刚从剑桥大学毕业，来维也纳学习德语。他作为寄宿的客人住在我父母家里，我们有时会一起出去。他持有非常左翼的观点，非常进步。我是共产党的成员，当时共产党是非法的，我们只能在地下工作。我们有过一段恋情，我很喜欢金。[10]

志同道合的两人在1934年2月结婚，并逃离了法西斯化的奥地利回到英国。与此同时，苏联内务人民委员部的间谍阿诺德·多伊奇（Arnold Deutsch）也到了伦敦。他出生在捷克，成长于维也纳，曾在维也纳大学攻读心理学并获得博士学位，同时也是一名苏联内务人民委员部资深特工。同年5月，他与利茨·弗里德曼建立了联系并开始酝酿正式招募菲尔比。一个月后，双方正式见了面。

> 某天晚上，利茨回家告诉我，她安排我去见一个"非常重要的人物"。我追问，但她没有告诉我细节。碰头地点是摄政公园。那个男人自称奥托。很久以后，我从军情五处档案中的一张照片上发现，他的名字是阿诺德·多伊奇。我

觉得他是捷克人，约5英尺7英寸（约等于1.7米），蓝眼睛、浅色鬈发。虽然他是一名坚定的共产主义者，但他有着强烈的人文主义倾向。他厌恶伦敦，热爱巴黎，谈起巴黎时满怀深情，是一个很有文化的人。[11]

在这次谈话中，多伊奇直接询问菲尔比是否愿意为苏联从事间谍活动，并指出他有如此家庭背景和能力，完全可以比普通人为共产主义事业做得更多。菲尔比几乎是在第一时间就同意了。多伊奇在给上级的报告中如此评价菲尔比："他的父亲是一个野心勃勃的暴君，想把儿子培养成伟人，却压抑他所有的欲望。他随时准备为我们做任何事，不问任何问题。"[12] 金·菲尔比就这样成为"剑桥五人组"中第一个被招募者。而多伊奇交给菲尔比的第一个任务就是去物色、观察其他可招募的对象。菲尔比为此列了一份名单，其中排第一的就是唐纳德·麦克莱恩。

菲尔比的父辈是殖民地官员，唐纳德·麦克莱恩的父亲则是名副其实的本土精英：不仅拥有爵位，也曾以自由党的身份在下议院任反对党领袖。麦克莱恩从小浸润于家庭浓郁的政治氛围，在剑桥攻读现代语言学期间，对共产主义运动和苏联产生了浓厚兴趣，甚至在大二时去莫斯科旅行，进而成为校园内各类左翼活动的积极分子。1934年年底，在面对菲尔比的试探时，麦克莱恩只问了一个问题：他们服务的对象是苏联情报机关还是共产国际？菲尔比坦承，他也不确定。尽管如此，麦克莱恩最终还是同意了。之后，他去参加了英国外交部的面试，并在面试时表示：尽管他在剑桥时曾赞成共产主义，但现在已经对它失去了兴趣。1935年8月，麦克莱恩正式进入英国外交部。

此时的菲尔比也面临同样的问题：为了能更好地潜伏，他需要与过去支持左翼乃至共产主义的经历一刀两断。多伊奇告诫他应与英国国内一切左翼组织断绝联系，重新树立自己右翼的政治形象，甚至可以将自己塑造成纳粹的同情者。为此，他甚至为在《英德贸易公报》当编辑而参加英德联谊会。此外，菲尔比不得不与利茨·弗里德曼分居并最终离婚。毕竟一位犹太裔、前共产党员的太太，对他需要继续扮演的角色来说，只能是一个巨大障碍。西班牙内战期间，菲尔比曾作为记者前往当地，还写过几篇亲佛朗哥的文章，深受佛朗哥集团的赏识。

至于盖伊·伯吉斯的招募过程则有几分意外元素。在剑桥时，菲尔比、麦克莱恩都热衷于马克思主义和共产主义活动。菲尔比、麦克莱恩被正式招募为苏联间谍后，都开始切断与左翼组织的联系，回避见左翼友人，这让伯吉斯非常困惑与不满，反而想方设法地接近麦克莱恩、菲尔比，非要讨个说法不可。实际上，菲尔比也曾将伯吉斯视为潜在的发展对象，但有两个顾忌：一是担心伯吉斯招摇和不靠谱的性格，二是伯吉斯的同性恋身份。而在多伊奇看来，伯吉斯的这两个问题未必是缺点，反而可能成为更好的掩护，并最终决定将他招募进剑桥间谍网。

事后的发展确实证实了多伊奇的判断。因为在对安东尼·布伦特的招募工作中，伯吉斯发挥了最大的作用。布伦特正是伯吉斯的同性恋人。在"剑桥五人组"中，最年长的布伦特其实并未受多少校园内左翼思潮的影响，正是因为伯吉斯对他的灌输和影响，才让他也走上了这条道路。而最后被招募的凯恩克罗斯，他的推荐人则是安东尼·布伦特。布伦特当时是他的艺术史老师。凯恩克罗斯也将在毕业后去英国外交部工作，这让他被视为一个理想人选——凯恩克罗斯是历史上第一个同时在英国内务部、外交部的选拔考试中拿到第一名的高才生。至此，"剑桥五人组"的间谍网络正式成形。

> 1939年，随着战争的爆发，布伦特加入英国军队并被军情五处招募，获得了少校军衔。整个二战期间是他向苏联提供情报的高峰。1945年后，他开始在王室图书馆工作并成为王室的艺术顾问，进而获得了爵位。1964年，他向军情五处承认了自己的间谍行为，通过完全的坦白而换得特赦待遇，其身份也不会对外公布。当时直接负责调查布伦特的正是彼得·赖特。其间，王室代表曾告诫赖特不要追究布伦特为王室效力的相关工作，因为"这些与国家安全无关"。1979年，英国时任首相撒切尔夫人才第一次对外公开布伦特的真实身份并褫夺他的爵位。

在之后几年间，这五人在各自的职业领域中崭露头角。其中，麦克莱恩、凯恩克罗斯在英国外交部迅速成为业务骨干，并参与了一系列重要的对德、对美的外交活动。而活跃且享受冒险的伯吉斯先是在BBC担任制片，二战爆发后加入军情六处，最终在1944年也转去了英国外交部。实际上，金·菲尔比是在伯吉斯的推荐下加入军情六处的。至于布伦特，他曾在1939年投笔从戎，在法国作战。经历敦刻尔克大撤退后，他被招募进军情五处。战争结束后，他当上了伦敦大学的艺术史教授，成为王室的艺术顾问和座上宾，甚至在1954年受封爵士。而凯恩克罗斯在加入英国外交部后不久就被借调至内阁办公室，还在负责密码破译的布莱切利庄园工作过一段时间。

凯恩克罗斯起初在英国外交部工作，之后被调往财政部，最后又上了内阁办公室，成为兰开斯特公爵郡大臣①的私人秘书。二战期间，他曾向苏联泄露英美对德军密码的破译情况、原子弹研发计划，以及大量涉及战争的其他军事情报，数量之大甚至一度让克格勃方面感到怀疑，担心这是英国方面"喂料"的结果。20世纪50年代初，伯吉斯、麦克莱恩叛逃后凯恩克罗斯曾被调查，但最终因缺少证据而涉险过关。1952年后他从政府辞职，搬去了美国。其间，他曾在美国多家院校任教，从事罗曼语言学的研究及法语翻译工作。1964年，在金·菲尔比叛逃后，他再次被军情五处调查并承认了自己的间谍身份，但未被起诉。1967年起，凯恩克罗斯在意大利罗马的联合国粮农组织工作。晚年避居在法国的普罗旺斯。

当然，苏联当时在英国以各种方式招募的间谍卧底人员，远不止"剑桥五人组"。实际上，仅多伊奇就招募了至少20人。但在这些人中，最成功的无疑是"剑桥五人组"。他们都是意识形态间谍，即动机主要是源自对共产主义理想的信仰以及对资本主义制度和帝国主义政治的叛逆。他们利用各自拥有的独特身份和职位，向苏联方面传递了海量文件。仅1941—1945年，苏联就从他们那里收到了大量秘密情报：1 771份文件来自布伦特，4 605份文件来自伯吉斯，4 593份文件来自麦克莱恩，5 832份文件来自凯恩克罗斯。而金·菲尔比曾向苏联方面透露了"巴巴罗萨行动"即将发动的情报以及日本打算实施"南进"的战略计划。前者被莫斯科方面忽略，后者则得到了潜伏在东京的格鲁乌间谍佐尔格的证实。此外，菲尔比甚至还为苏联内务人民委员部画过一张军情六处的建筑物草图，并标注了各部门的科

---

① 兰开斯特公爵郡大臣是英国政府内的部长级高官，在内阁办公室的总地位仅次于首相，一般负责某个专门领域的专门工作，类似其他内阁制国家的不管部长或日本的特命担当大臣。

室分布,而这张草图在若干年后还发挥了其他的重要作用。

1981年,在某次民主德国情报及政治保卫机构斯塔西的培训讲座上,当时已经叛逃至苏联多年的金·菲尔比曾这样回忆自己在军情六处当卧底时的日常操作:"每天晚上我离开办公室,都带着装满文件的提包,里面有我写的报告,也有档案里面的文件,晚上我把这些交给我的苏联联络人。次日上午我把文件放回原处,文件都已经被拍照了,我年复一年都这么做。"[13]

整个过程似乎简单到匪夷所思,以至苏联人起初都难以置信。苏联内务人民委员部负责官员甚至一度怀疑菲尔比是双重间谍,实际上他还在为英国工作。毕竟,对远在苏联的苏联情报官员来说,要理解英国上流社会与官僚体系这套潜规则确实不是一件容易的事。

事实上,军情六处在正式招募金·菲尔比前,并非对他早年的经历一无所知。当时,军情六处副局长、V部门[①]的负责人瓦伦丁·维维安(Valentine Vivian)曾为此专门找到金·菲尔比的父亲哈利·菲尔比核实情况。维维安跟哈利·菲尔比都曾在英印政府工作,曾担任德里省高级警监以及西姆拉的中央情报处副主管。他选择在伦敦的一家高级俱乐部里与哈利·菲尔比共进午餐。

席间,他问道:"他(金·菲尔比)在剑桥时是一个共产主义者,对吧?"

老菲尔比回答道:"啊,那只是学生时代的恶作剧罢了。他现在已经长大了。"

---

① 军情六处第二任局长辛克莱爵士在20世纪20年代曾希望合并军情五处。在这个设想落空后,他就在军情六处内部成立了一个专门的反间谍部门——V部门。

> 金·菲尔比的父亲哈利·圣约翰·菲尔比早年算是一个典型的大英帝国殖民地精英，先后在印度、中东为帝国基业开疆拓土，还曾当过伊本·沙特的顾问并定居在利雅得。他作为冒险家的名声不亚于"阿拉伯的劳伦斯"。1956年后，当金·菲尔比以记者身份待在贝鲁特时，哈利·菲尔比曾前往此地与他团聚。双方一起生活过一段时间。哈利·菲尔比利用自己在中东广泛的人脉网络协助过儿子的工作。1960年，他病逝于贝鲁特。在人生的最后时刻，他曾向金·菲尔比喃喃道："我好无聊。"晚年的哈利·菲尔比站在阿拉伯立场，成为一名坚定的反犹太复国主义者，为此不惜违背英国的政策。例如，他曾秘密与美国合作，确保美国在沙特阿拉伯的石油特权并向伊本·沙特透露英国的机密情报。曾有研究者认为金·菲尔比的背叛行为或许是受他父亲经历的影响，甚至是父子默默联手的结果。

就这样，两位老绅士愉快地结束了这个话题。金·菲尔比的背景调查就这么轻松通过了。

在整个20世纪40年代，金·菲尔比一直被视为军情六处内部一颗冉冉升起的新星，由于是剑桥的高才生且从事过多年记者、编辑工作，菲尔比写得一手好文章，还能流利地讲法语、德语和西班牙语，并因此获得了局长孟席斯的赏识。

事后看来，"剑桥五人组"虽然不足以直接影响英国的重大决策和政策，但他们所泄露的情报足以让苏联了解英国政府的政策趋势及白厅的氛围，这为斯大林以及其他苏联领导人提供了一个了解英国最高决策层动向的窗口。

9. "我们的人"

1949年9月，深受器重的菲尔比结束了他在伊斯坦布尔的工作后，又被派往了美国。他名义上是英国大使馆的一等秘书，实际上是军情六处驻华盛顿的首席代表，负责与美国同行的情报交流工作。而与他对接的"美国同行"是中情局当时负责盟国合作事宜的詹姆斯·安格尔顿。实际上，这两人早在1944年就认识了。当时年轻的安格尔顿在英国接受业务培训，而菲尔比正是他的老师。在华盛顿期间，菲尔比与安格尔顿之间的合作极为密切，几乎每周都会见面，互通信息。[14] 1949—1951年，菲尔比跟安格尔顿一起开过的正式会议多达36次，此外，他们每周还会在华盛顿的一家名叫哈维的餐厅共进午餐。

对于双方当时的关系，菲尔比曾如此评价：

> 我敢肯定，我们之间的密切联系出自双方真诚的友谊。但是，我们彼此都有各自的算盘。安格尔顿希望将中情局与军情六处的交流中心放在中情局驻伦敦的办公室（其规模是我在华盛顿办公室的十倍）。如此一来，安格尔顿就可以对军情六处施加最大的压力并减少军情六处与中情局的直接接触……对我而言，我更满意能跟他绑定在一起。我们之间

的信任度越高，他就越不会起疑。在这场复杂的游戏中，谁是获益最多者并不好说。不过，我有一个巨大的优势：我清楚他在为中情局做什么，他也知道我在为军情六处做什么，但是他对我真正的意图一无所知。[15]

在华盛顿的第一年里，菲尔比的日子过得如鱼得水，除了安格尔顿，他还与时任中情局局长瓦尔特·B.史密斯（Walter B. Smith）、副局长艾伦·杜勒斯（Allen Dulles）等高层十分熟络。菲尔比时常选择在傍晚去中情局高官的办公室串门聊天，因为他知道对方多半会提议去餐厅或酒吧再多聊聊。而他的美国同行之所以都愿意跟他畅聊，很大程度上是因为他们都看中了菲尔比的仕途前景。英国方面一直有传闻称：军情六处的孟席斯局长正在考虑将菲尔比列为自己可能的接班人选。

1950年，"剑桥五人组"的另一位成员盖伊·伯吉斯也被派到英国驻美国大使馆，出任一等秘书。其间，伯吉斯经常出入菲尔比在华盛顿的家，有时甚至干脆住在菲尔比家。远离伦敦后，伯吉斯不靠谱的毛病在大洋彼岸似有愈演愈烈的趋势，经常酗酒惹出各种麻烦，以至菲尔比忙于为之善后。与此同时，一桩真正意义上的大麻烦马上就会威胁到"剑桥五人组"的安危。

1950年年底至1951年年初，美国国家安全局通过其主导的维诺那计划，发现在苏联驻纽约总领事馆的情报官员与莫斯科的通信电文中，曾提及有一名代号"霍默"的苏联卧底，自1944年起就在英国大使馆工作。维诺那计划是二战及冷战初期，美国军方及国家安全局负责的对苏联通信信息的拦截及破译计划。当时，该计划及其相关成果均属于高度机密，创建之初甚至连美国总统罗斯福都对其一无所知，联邦调查局、中情局的高官对其也仅仅略知一二。1951年4月，维诺那计划的破译小组再次取得重大突破，通过破译的电文基本确定"霍默"就是二战期间在英国驻美大使馆担任一等秘书的唐纳德·麦克莱恩。在此之前，维诺那计划的上一个贡献是确认了克劳斯·富克斯是苏联的核间谍。

作为英美之间的情报联络人，菲尔比在4月底就得知了这则消息。在经历过古琴科事件与沃尔科夫事件后，菲尔比似乎已经练就处变不惊的本事。何况现在还没有任何证据或线索能将麦克莱恩与他联系到一起，而他们两人已经很多年没有见过面了。此时，他最担心的人是伯吉斯。伯吉斯与麦克莱恩是英国外交部的同事，他们之间的私人关系也更为亲密。万一伯吉斯有什么异动，那么就有可能成为牵扯出整张剑桥间谍网的关键突破口。

与此同时，从美国人那儿获知此事后，军情五处也并没有决定立即逮捕麦克莱恩。一来是因为维诺那计划提供的材料过于机密，无法作为法庭证据使用；二来则是希望放长线钓大鱼，通过对麦克莱恩的监视，发现更多证据以及其背后的间谍网。菲尔比则在第一时间向苏联方面转告了军情五处的意图和计划，要求尽快将麦克莱恩转移，否则潜伏在英国的整个苏联间谍网都有被破坏的可能。1951年5月7日，伯吉斯紧急返回伦敦。临行前，菲尔比一再告诫他：千万不要跟麦克莱恩一起逃走，因为这会直接导致菲尔比及其他人也被怀疑。[16]返英后，伯吉斯立即与安东尼·布伦特取得联系，后者将相关情报通报给了当时苏联方面的联络人尤里·莫丁。

在向上级请示转移计划后，莫丁被告知麦克莱恩将在5月28日被正式逮捕。这个消息让莫丁、伯吉斯以及麦克莱恩大为震惊,他们原以为军情五处的抓捕行动可能还要再等上一段时间。至于莫斯科方面是如何得知这则重要情报的,始终是一个谜。首先,当时远在华盛顿的金·菲尔比不太可能探知到军情五处具体的行动安排,而"剑桥五人组"的其他人也都处于不敢轻举妄动的状态。由此可见,苏联方面在英国国内的情报网远不止"剑桥五人组",当时仍有其他潜伏在机要部门的间谍在高效工作。多年后,彼得·赖特在《抓间谍的人》中就怀疑是那个代号"埃利"的超级"鼹鼠"向莫斯科透露了逮捕计划,换言之,也就是罗杰·霍利斯本人。在彼得·赖特看来,在古琴科事件后菲尔比出手救过霍利斯一次,这次轮到霍利斯投桃报李了。[17]

在紧急安排麦克莱恩撤离的过程中,尤里·莫丁在对待伯吉斯的问题上采取了与菲尔比意见相左的立场——坚持伯吉斯应该与麦克莱恩一起被转移。他认为:"对我们来说,伯吉斯也已经失去了大部分可利用的价值……即使他能保住工作,也不可能像以前那样向我们提供情报了。他已经完了。"[18] 5月25日,麦克莱恩与伯吉斯用假名租了车,买了车船票,从伦敦出发,辗转巴黎,抵达瑞士伯尔尼。接着,他们从苏联大使馆拿到了为他们准备好的假护照,去了苏黎世,并从那儿用假护照搭上了一架飞往斯德哥尔摩的航班,之后在布拉格中转停留时下了飞机。随即他们就被接走,并被安全送往莫斯科。

讽刺的是,也正是在伯吉斯、麦克莱恩事件后,军情五处才开始系统性地在牛津、剑桥内部安插人员,对大学内部的可疑人员进行监视和甄别。1952年,军情五处派了一位名叫大卫·康韦尔(David Cornwell)的年轻人去牛津大学肯特学院进修,负责监视左派学生团体，探察其中是否潜伏有苏联间谍。这位大卫·康韦尔的笔名便是约翰·勒卡雷，当时他刚开始构思自己的第一部小说《召唤死者》。在2017年的一次访谈中，86岁的勒卡雷曾谈及自己的这段牛津岁月："当时我太嫩，被苏联大使馆的人耍得团团转。我现在对当年对那些学生撒的谎，感到很后悔……当间谍，确实需要你压抑自己的人性。"

> 伯吉斯和麦克莱恩叛逃去苏联后不久就获得了苏联公民身份。1956年2月，苏联政府为他们二人举办了一场记者发布会。会上，他们否认自己是间谍，来苏联是为了促进"西方与苏联的和解"。之后几年间，他们在苏联接待了不少英国访客，有亲属、记者，甚至还有工党的政客。由于长期酗酒，伯吉斯的身体状况在20世纪60年代迅速恶化，并于1963年病逝，当时金·菲尔比刚叛逃至莫斯科不久。而麦克莱恩则成为苏联国内研究西方经济政策和英国问题的专家。此外，晚年的麦克莱恩对苏联僵化的体制曾表达过不满和失望。伯吉斯与麦克莱恩去世后，骨灰均被送回英国重新安葬。

麦克莱恩与伯吉斯一同叛逃的消息被公开后，金·菲尔比果然成为最大的同盟嫌疑人，而对他最不利的证据便是与伯吉斯的私人关系。美国中情局及联邦调查局的反间谍部门都开始密集检视与菲尔比有关的资料和证据，且几乎都认定菲尔比就是苏联人的间谍。与之相对，安格尔顿起初仍选择相信他与菲尔比的友谊，坚信他的英国朋友最终会洗清嫌疑，甚至警告自己的上司——中情局局长贝尔特·史密斯：如果中情局对一名军情六处的高级官员提出缺乏根据的指控，这将严重损害美英关系。而菲尔比的英国同事中，也不乏这类对他无比信任的人。

其中，最具代表性的便是军情六处驻伯尔尼时任负责人尼古拉斯·埃利奥特（Nicholas Elliott）。他与菲尔比同年加入军情六处，家庭出身类似，都来自英国上流社会。在共事的十余年间，他们一起聚餐，一起看板球，一起旅行，一起工作。埃利奥特根本无法想象，一个像自己这样背景的英国精英阶层的绅士会甘于充当苏联人的间谍。如果菲尔比有什么问题的话，那只能是他交友不慎，那只不过是一个不幸的错误，而绝不是叛国这样的罪行。

> 埃利奥特来自一个典型的英国上流阶层家族，其父亲曾担任伊顿公学校长近十年。他毕业于剑桥大学三一学院，二战期间加入军情六处。战后，历任军情六处驻伯尔尼、维也纳、贝鲁特等情报站站长。1963年后，由于菲尔比叛逃等事件的影响，埃利奥特提前从军情六处退休，曾在知名的隆罗集团担任执行董事。

1951年6月，菲尔比被召回伦敦，接受军情五处时任反间谍部门负责人迪克·怀特（Dick White）与阿瑟·马丁的侦讯。菲尔比的辩解策略倒是与他朋友们的说法如出一辙，即一再表示自己无法想象伯吉斯这样爱出风头、生活不检点的纨绔子弟会当苏联人的间谍；至于麦克莱恩，他则坚决否认与之有任何联系。尽管这些辩解在迪克·怀特眼里并没有什么说服力，但他也只是写信给军情六处的孟席斯局长建议军情六处采取措施。换言之，将处置菲尔比的权力交还给了孟席斯。

另一方面，除了安格尔顿，美国人几乎咬定菲尔比就是苏联人的卧底。中情局局长史密斯为此专门致信孟席斯，明确表示他认为菲尔比就是苏联间谍，绝对不允许他重回华盛顿，敦促英国方面尽早"清理门户，无论会伤害到谁"，甚至不顾安格尔顿的建议，直接威胁："要么开除菲尔比，要么我们就终止情报合作。"[19]美国方面的

迪克·怀特（1906—1993）
https://en.wikipedia.org/wiki/Dick_White#/media/File:Dick_Goldsmith_White_-_1928.jpg

与大部分同僚的经历不同，迪克·怀特早年在美国加州大学就读。1935年返回英国后被军情五处招募，主要负责针对纳粹德国的反间谍工作。20世纪40年代末、50年代初，他先后负责调查克劳斯·富克斯、金·菲尔比等要案。1953年他被任命为军情五处局长，1956年，转任军情六处局长，成为极少数曾出任英国两大情报机关一把手的高级官僚。在军情六处任上，怀特试图修复军情六处与英国政府、美国中情局的关系。1968年退休后，他成为首任内阁情报协调官。

强烈反应，导致英国首相丘吉尔亲自过问此事。军情五处、军情六处不得不重启调查并对菲尔比进行了长时间的审讯。面对严厉的指责和审讯，菲尔比显得非常冷静，对一切指控都予以否认，但也不会进行激烈的抗辩。

他之所以能如此淡定，主要有两方面原因。首先，军情五处方面没有掌握直接的证据，只是通过麦克莱恩、伯吉斯的叛逃，以及沃尔科夫事件前后莫斯科与伦敦、伊斯坦布尔之间通信量剧增等间接线索来对他进行指控。在英国情报界高层看来，最好还是通过敲山震虎的方式来逼迫菲尔比自行坦白认罪。其次，对菲尔比的调查审讯依旧是非常体面的。在外人看来，这场景与其说是审讯，还不如说是改革俱乐部里会员们的聊天。菲尔比根本不必担心遭受皮肉之苦，甚至连粗暴的呵斥都不会有，用他自己的话来说就是：

> 更重要的是，因为我出身于英国的统治阶层，所以我认识很多有影响力的大人物。我知道他们绝不会对我来硬的。他们从没打算殴打我或者把我踢来踢去，因为一旦之后他们被证明是搞错了，那么我肯定会让他们陷入天大的丑闻。[20]

尽管孟席斯在经过两轮调查后，仍然拒绝相信菲尔比是苏联的间谍，但他明白此时不得不让菲尔比离开军情六处。为此，孟席斯同意给菲尔比支付一笔超过3万英镑的退职金。而埃利奥特同样坚信：菲尔比遭到不公平的对待，沦为了阴谋论的受害者。在被迫离开军情六处后，金·菲尔比曾在一位朋友的进出口贸易公司谋得一份差事。虽然薪水和社会地位大不如前，但至少免于牢狱之灾，甚至压根就没有被正式起诉。事实上，站在当时英国情报圈的角度，把菲尔比踢出军情六处并不是因为他被证明是苏联间谍，而只是因为他的档案中存在疑点，以及他与伯吉斯的亲密关系，才不得不避嫌，至少需要借此来安抚美国人。因此，他在军情六处、军情五处的朋友们始终认为"菲尔比是一场阴谋论的牺牲品"。

1955年10月7日，军情五处正式通知菲尔比：对他的调查已正式结束，一致认定其无罪。这个决定在让菲尔比长舒一口气的同时，惹恼了大洋彼岸的美国人。美国联邦调查局局长埃德加·胡佛甚至主动向媒体透露消息，称"菲尔比肯定是苏联间谍"，借此对英国政府施压。在胡佛看来，英国人的固执近乎不可理喻，居然视如此多的线索、证据如无物。10月底，时任外交大臣、之后出任首相的哈罗德·麦克米伦为此发表正式声明："并没有理由可以断定菲尔比先生在任何时候曾背叛过他祖国的利益，也没有理由将他与所谓的第三人（如果真有第三人的话）联系起来。"[21]

11月8日，得到英国政府官方无罪认证的菲尔比在自己的家里召开了一场别开生面的新闻发布会。面对来自欧美各大媒体的记者，菲尔比魅力四射、侃侃而谈，将自己打扮成了又一个麦卡锡主义的受害者，只是因为恰好认识一些左翼或共产党朋友就受到无端指责乃至政治迫害，而指控他是苏联间谍的唯一证据仅仅是他曾让伯吉斯在自己家借宿。事后，菲尔比的苏联联络人尤里·莫丁在收看了这场发布会的电视新闻后，赞叹其演技令人叹为观止。

事后复盘时，菲尔比认为自己之所以能够"逍遥法外"，首先应归功于英国严格的阶级制度及其传统。菲尔比这样的人物之所以能够存在，同样也是因为军情六处独特的组织文化以及普遍存在的办公室政治。英国统治阶层无法接受这个圈子里的自己人竟然是叛徒。此外，如果他被证明是间谍，那么军情六处中会有许多人必须为此负责。实际上，无论是军情五处，还是军情六处，又或是外交部，在这些机构创立之初就不难发现其组织文化的排他性、偏见以及特权意识。无论是菲尔比、伯吉斯还是麦克莱恩，之所以能在各自的岗位上连续多年扮演双重间谍的角色，正是因为他们因自己的阶级出身、血统而被视为"我们的人"，压根就不会被怀疑。正如勒卡雷在《锅匠，裁缝，士兵，间谍》一书中所描绘的那样："鼹鼠"是谁其实并不重要，甚至已经成为圆场高层圈子里不能说的秘密；小说的主人公史迈利面对的最大挑战并不来自莫斯科，而恰恰来自圆场内部。

1956年，非常同情菲尔比遭遇的老同事埃利奥特主动找到了他，提出希望其能再次为军情六处工作。不过，鉴于之前的事件，以及顾及美国方面的考虑，菲尔比将无法以正式情报官员的身份重返军情

约翰·勒卡雷（1931—2020）

资料来源：John le Carré at the "Zeit Forum Kultur" in Hamburg on November 10th 2008, https://en.wikipedia.org/wiki/John_le_Carré#/media/File:John_le_Carre.jpg

约翰·勒卡雷生于英国多塞特郡的普尔。在成为职业小说家前，曾先后在军情五处、军情六处工作过，也曾以外交官的身份，在波恩和汉堡负责搜集民主德国方面的情报。1963年金·菲尔比叛逃苏联，导致包括勒卡雷在内的大量英国特工的真实身份被曝光，不得不撤回英国。一年后，勒卡雷从军情六处辞职，转而成为专职作家。之后数十年间，约翰·勒卡雷的间谍小说风靡全球，《柏林谍影》《锅匠，裁缝，士兵，间谍》等代表作多次被改编成电影、电视剧并大获成功。1987年，勒卡雷受苏联作协邀请首次访问苏联。在这次访问期间，金·菲尔比曾希望与勒卡雷见面，但遭到拒绝。相较于詹姆斯·邦德之类的故事里天马行空的浪漫想象，勒卡雷笔下的间谍世界则是阴暗、冷酷和压抑的。在他的小说中，铁幕两侧的各色人等并没有所谓正邪对错之分，肮脏、牺牲与理想主义可能出现在双方阵营的任何一个人身上，同时也都各自承载着悲剧的命运。他的文字在相当程度上形塑了当代人对冷战历史、对间谍世界的认知与印象。

六处，而是作为编外特工前往中东出外勤。他将以《观察家报》和《经济学人》记者的身份常驻贝鲁特，每年可以从军情六处的贝鲁特情报站领取3 000英镑的津贴。此外，托这位老同事的安排，金·菲尔比还能在贝鲁特与多年未见的父亲、当时定居在利雅得为沙特阿拉伯王室效力的哈利·菲尔比重聚。[22]

在军情六处工作期间，约翰·勒卡雷对埃利奥特印象很深：

> 尼古拉斯·埃利奥特是我见过的最迷人、最机智、最优雅、最彬彬有礼、最令人忍俊不禁的间谍……他是一个老派的成功人士。我从未见过像他身上那样剪裁得体的深色三件套西装。有着完美的伊顿风度……[23]

对这样一位老派的成功人士来说，照顾好"我们的人"自然也是完美的伊顿风度的一部分。

四

柏林隧道与古巴导弹

我们离战争非常近了。白宫的避难所可不够我们用的。[1]

——约翰·F. 肯尼迪

我觉得自己站错了队……如果共产主义制度取得胜利,这对人类会更好,它将终结战争。[2]

——乔治·布莱克(George Blake)

潘科夫斯基当时是军情六处皇冠上的明珠。他是一名格鲁乌高级军官,在1961—1962年为军情六处和中情局从事间谍活动,提供了大量有关苏联军事能力和意图的情报。[3]

——彼得·赖特

10. 柏林的地下

  到了1961年的春季,我已经完成了军情六处的入门课程。学会了一身我从来都不需要,也很快就会忘光的本事。在结业典礼上,局里的训练主管——那位身穿一身花呢套装、身材结实、面色红润的老手,眼含热泪地叫我们回家待命。他们也许还要花上一段时间来整备,因为——他发誓说,他从来没有想到过,自己竟然会说出这样一番话——有位已经在局里任职多年,而且也备受信赖的同僚,最近被揭穿了身份。此人竟然是苏联的双面间谍,他的名字是乔治·布莱克。

  布莱克叛国案的规模,即便以今日的标准来看,都算得上是极其重大的事件:事实上,有数以百计的英国特工(布莱克自己也不记得有多少人)的身份曝光;对国家安全至关重要的秘密监听行动,例如(当然,并不仅限于此)柏林监听隧道……布莱克无论在哪个利益集团里都是最有能力的外勤特工,同时也是个追随信仰的人,在身份曝光之时,他已经先后信仰了基督教、犹太教和共产主义。[4]

  ——约翰·勒卡雷《鸽子隧道》(*The Pigeon Tunnel*)

  1960年,厌倦了军情五处"反间谍""抓特务"这类日常工作的约翰·勒卡雷主动申请转去了负责对外谍报的军情六处，以寻求更刺激、有趣的生活。而在他开始新单位工作之际，军情六处又爆出了另一桩天大的叛逃丑闻。在这桩丑闻面前，金·菲尔比也好，"剑桥五人组"也罢，或许都不是英国情报系统最大的纰漏或丑闻。

在20世纪50年代末、60年代初的时间点上，麦克莱恩和伯吉斯的叛逃事件已逐渐被世人淡忘，菲尔比则被英国政府认定清白无罪。"剑桥五人组"的安东尼·布伦特与约翰·凯恩克罗斯的间谍身份也尚未被揭穿。对当时的英国领导人来说，他们对此问题的关注，与其说是出于对国家安全的考虑，不如说更多是为了避免丑闻。例如丘吉尔就非常担心金·菲尔比会像麦克莱恩和伯吉斯一样叛逃，进而让整个事态变得不可收拾，甚至引发又一轮舆论狂潮。随着对菲尔比事件的调查告一段落且没有得出结论，英国政府与情报部门盼望新闻界和民众对此事件的兴趣消退下去。讽刺的是，诚如他们所期盼的那样，社会舆论的注意力确实转移了，但是因为英美情报圈的另一桩大新闻。

1956年4月中旬，柏林的天气非常糟糕，持续数日的滂沱大雨让东、西柏林各处都出现了不同程度的积水现象，尤以东柏林为甚。4月21日，苏军的维修人员在阿尔特里尼克区靠近美国控制区的一侧抢修漏水的通信管道时，声称发现了一个奇怪的密室，而密室的另一侧居然有一条长长的地下隧道，似乎一直通往西柏林。当苏联工程人员进入后，发现密室内有大量电子设备。事后，苏联军方与情报部门确认这些设备是用于窃听东柏林、苏联与民主德国军政机构之间的电话线路的。这个密室便是西方悄悄部署的地下窃听站。24日，苏联与民主德国当局组织邀请了大量记者参观这个秘密窃听站的遗址，进而向全世界揭露帝国主义的间谍阴谋。实际上，这个窃听站便是柏林窃听隧道，是美国中情局与英国军情六处联合实施的一项大规模通信窃听计划，也被称为"黄金行动"。

黄金行动的发端可以追溯到1948年的维也纳。在冷战年代，作为中立国首都的维也纳与前线柏林一样，也是著名的"谍都"。此外，与柏林一样，维也纳也是四个占领区，分别由美国、英国、法国和苏联管理。为了探知苏占区的动向，军情六处曾在苏联通信缆线交接区的己方占领区附近买下一栋大楼，从其地下室开挖了一条20多米长的地下隧道，以便能对苏联的通信缆线进行窃听，该行动的代号为"白银行动"。之后，英国人曾向美国同行分享过从白银行动中获取的苏联情报。而美国中情局亦对这类窃听计划表现出浓厚的兴趣，并邀请英国人在柏林也如法炮制。

经过精心准备，美英双方在1954年2月正式开始实施黄金行动，以修建空军雷达站和仓库为掩护，在阿尔特里尼克区进行施工。美军工兵负责地下隧道的挖掘作业，英国人则负责建造连接苏联电话缆线的竖井。整个计划高度保密，美英双方并没有向联邦德国当局和联邦德国情报机关盖伦组织透露。整条柏林窃听隧道近450米，整个施工作业一直到1955年2月底才结束。之后，安装、调试窃听设备又花了几个月时间。当年8月，这个花费巨资、投入大量精力的地下窃听站终于开始运作。根据事后披露的资料，当时躲在地下的美国窃听人员可以同时窃听东柏林方面的121条电话线路，此外也能监听电传打字机的线路。直到1956年4月被苏联人发现为止，中情局的监听人员在不到一年的时间里就录下了5万盘磁带，累计录下的窃听时间超过4万小时。[5]

尽管被苏方"无意"发现了窃听隧道的秘密，但中情局对黄金行动能在如此短的时间内取得如此大量的情报信息，仍颇感鼓舞，甚至一度视之为中情局成立最初10年里最重要、最成功的大型秘密行动。在美国人的想象中，如果没遇上糟糕的天气，如果苏联人没那么走运，说不定黄金行动还可以顺利地秘密运作很多年。

然而，事实并非如此。苏联人发现窃听隧道，其实并非偶然或运气好。实际上，在美英方面开始挖掘隧道的那一刻，克格勃就知道了，并对整个黄金行动了如指掌。1953年秋，美国中情局派遣了一个高级代表团到伦敦，与军情六处开会讨论黄金行动的方案。而这场重要会议的秘书正是另一名潜伏在军情六处的苏联克格勃间谍——乔治·布莱克：

> 我当时是秘书，负责会议记录。因此，我知道了这个计划，也知道了它将如何实施。当然，我意识到这有多么重要。当我之后在一次例行会议中见到谢尔盖（布莱克的克格勃联系人）时，我递给他一份那次会议的记录副本和一张很小的草图，那是我自己画的，上面标明了电缆的走向——隧道的走向，以及它将窃听哪些电缆。[6]

此时的布莱克刚满30岁。就在不久前，他还被关押在地球另一端的战俘营里。1948年，他以外交官的身份为掩护，被派往当时的汉城（即韩国首尔）负责领导当地的军情六处情报站。朝鲜战争爆发后，布莱克因撤退不及时而被俘。在被关押两年多后，他于1953年3月获释返英并重新回到了军情六处。回归之初，他受到了同事们英雄般的欢迎。对刚经历麦克莱恩、伯吉斯以及菲尔比风波的英国情报系统来说，熬过牢狱岁月、坚持到回国报效的布莱克，甚至被视为未来的希望之星。

与金·菲尔比不同，布莱克在军情六处属于典型的"外来户"。他的父亲是一个出生于埃及、归化英国国籍的塞法迪犹太人（来自伊比利亚半岛与北非的犹太人族群），母亲是荷兰人，而布莱克出生在荷兰并在那里度过了童年。父亲去世后，他曾去投靠在开罗的银行家亲戚，并在当地的英国人学校接受教育。在开罗，布莱克遇到了两个怀有社会主义理想的表兄（他们甚至加入共产党组织，并且都不打算继承家族的产业），他们是他的共产主义启蒙者。德军入侵时，布莱克正好回荷兰过暑假。不满18岁的他还曾参加地下抵抗组织。之后，他花了6个月时间穿越比利时、法国和西班牙，抵达直布罗陀并从那里去了英国本土。1943年，布莱克抵达英国后，自愿加入皇家海军并在军训期间被军情六处招募，负责联系荷兰方面的地下抵抗组织。

战争结束后，布莱克被选派到剑桥大学精修俄语，正是这段学习经历让他对俄罗斯和共产主义又有了新的认知并滋生一种莫名的亲近感。用他自己的话来说，"这是我迈向共产主义的另一个阶段，也是我希望为苏联工作的思想发端"[7]。与之相对，布莱克却从未对英国产生足够的归属感，从未在英国真正扎根。多年后，他曾这样说过："要背叛，你首先得归属。而我从未真正归属过英国。"之后在朝鲜半岛的经历，则彻底改变了他。

> 我目睹过德国战败时的样子，但我可以向你保证，与

朝鲜被破坏的惨状相比，那根本不算什么……巨大的美军空中堡垒轰炸机对朝鲜小村庄进行了无情的轰炸。那里只有妇女、儿童和老人，因为年轻人都在军队里……这让我感到羞愧，因为我属于这些强大的、在技术上占优势的国家，却在与在我看来手无寸铁的人民作战。我觉得自己站错了队……如果共产主义制度取得胜利，这对人类会更好，它将终结战争。[8]

几十年后，在被问及为什么会主动选择充当苏联间谍时，布莱克讲了以上这段话。在被俘房期间，目睹这一切的布莱克主动给苏联大使馆写了一张便条，提出愿意为苏联和全人类的解放事业效力，并开始系统性地研读《资本论》。面对主动投诚的布莱克，苏联人起初非常意外，既怀疑这是军情六处的反间计，也担心此人是否只是在胡言乱语。为了验证其可靠性，苏联人曾经要求布莱克根据记忆画一张军情六处办公室的平面草图。然后，拿着他画的草图去跟金·菲尔比提供的草图进行比对，借此确认了布莱克的可靠性。[9]

1953年，布莱克返回英国，此时的他已经成为一个内心坚定的共产主义者并肩负着苏联委派的潜伏任务，苏联情报机关给他的代号是"钻石"（DIAMOND）。尽管两年前刚发生过麦克莱恩与伯吉斯的叛逃事件，但军情五处、军情六处似乎都没有想过布莱克被策反的可能性。在经过短短两天的审查后，便张开双臂欢迎他重回岗位。[10] 而回到岗位后，布莱克便在第一时间把黄金行动的计划泄露给了苏联。当时他已被任命为军情六处Y部门的副手，这是一个专门负责处理通信窃听的部门。

在苏联人看来，乔治·布莱克的价值极高，尤其是在菲尔比被踢出了军情六处之后。当他们得知布莱克在1955年被调往柏林后，便决定对黄金行动暂时只采取监视的策略，因为他们担心此时采取行动有可能会导致布莱克暴露。为此，克格勃也没有向苏联或民主德国在当地的军政机关透露这个情报，甚至没向格鲁乌透露过此事。窃听进行将近一年后，苏联方面才决定以意外发现的方式，揭露中情局、军情六处苦心经营的这个窃听站。事实证明，克格勃方面的谨慎发挥了作用，乔治·布莱克的身份并没有引起怀疑：

> 当电缆被发现且整个丑闻随之爆发后，美国人和英国人成立了一个委员会来研究为什么电缆被发现。大约一个月后，我得知这个委员会一致认为这是因为大雨引起的线路技术故障。显然，我感到非常放心，从那时起，我就继续工作，没有受到怀疑。[11]

克格勃的小心翼翼也换来了巨大的回报，在之后的四五年间，布莱克通过各种方式至少提供了四五十位潜伏在苏联和东欧地区的英国特工的情报，导致军情六处在东欧的情报工作长期陷入困境。用布莱克的话来说，是他为克格勃提供了一个英国情报系统的"内部视角"：

> 我首先提供了很多关于秘密情报局（军情六处）的信息……他们得到了一个很好的内部视角，得以了解它是如何运作的。[12]

直到1961年年初，波兰高级情报官员迈克尔·戈莱尼夫斯基（Michael Goleniewski）叛逃西方后，布莱克的身份才最终暴露。[13]当时，布莱克正在贝鲁特的情报站工作，站长则是菲尔比的密友——尼古拉斯·埃利奥特。埃利奥特负责将其押回英国本土受审。起初，军情五处建议对布莱克进行公开审理，以儆效尤，但首相麦克米伦对此坚决反对。他主张："公众尚不知此事，一定不能让他们发现布莱克是军情六处的特工——它是一个理论上并不存在的机构。"[14]

> 二战结束后，迈克尔·戈莱尼夫斯基加入波兰陆军，1955年晋升为中校。之后，他开始在波兰情报部门工作。但除了这个身份，他也秘密地替克格勃监视波兰情报机关内部。1959年，他又与美国人取得联系，成为一名"三重间谍"。当时，他与联邦调查局建立联系并坚称只与联邦调查局合作，理由是他知道英美其他的情报机构均已被苏联方面渗透了。不过，中情局拦截了他的通信和信件并假扮成联邦调查局，继续与他联系。戈莱尼夫斯基向美国提供的大量情报也被分享给英国人，军情六处、军情五处凭借这些情报才发现了乔治·布莱克的真实身份。1961年，戈莱尼夫斯基叛逃至美国并获得美国公民身份。但不久后，他就被中情局放弃，其生活和心理状况也变得越来越糟。晚年的戈莱尼夫斯基在纽约的皇后区度过余生，坚持声称自己是末代沙皇尼古拉二世的儿子阿历克谢。

1961年5月，鉴于布莱克造成了如此巨大的破坏，他破天荒地被判处42年监禁。时任首相麦克米伦甚至在日记中承认：这是一个"野蛮的判决"。这是当时英国法院判决的有期徒刑的最高刑期。整场审判被视为冷战期间东西方暗战的标志性事件，而如此之重的刑罚，自然也象征了双方斗争的激烈程度。

对此，布莱克回忆道：

当时我以为自己会被判14年的徒刑。因为这是和平时期泄密罪的最高刑期。但军情六处和英国政府显然认为这些刑期还不够。于是，他们将我在不同国家（英国、德国和意大利）的工作阶段都加起来，每个阶段的罪行都各判我14年。总共加起来是42年……当法官宣布刑期是42年时，几乎让人没有实感……现在我得说，某种程度上，我对法官感激不尽，因为他判了我如此长的刑期，这让我在监狱里的处境变得好过很多。[15]

布莱克被关进了沃姆伍德·斯克拉布斯监狱。服刑期间，布莱克在狱友间非常受欢迎，甚至成为犯人中间的意见领袖。入狱5年后，布莱克在狱友们的帮助下成功越狱，并成功穿越英吉利海峡，在德国与苏联方面的秘密人员接头后被秘密送去了莫斯科。在莫斯科，他与金·菲尔比见了面，很快就成了能一起喝威士忌的故国新友。2007年，布莱克被俄罗斯政府授予"友谊勋章"。2020年12月，他以98岁高龄去世时，依旧坚持着共产主义的理想。

除了乔治·布莱克，戈莱尼夫斯基的叛逃也让另一名潜伏在英国国内的苏联间谍被曝光。1962年前后，英国海军部的高级官员约翰·瓦萨尔（John Vassall）被发现是克格勃的卧底，他曾向苏联提供大量涉及英国海军武器装备的情报。他是在20世纪50年代驻苏联大使馆工作期间被策反的，据说是克格勃方面掌握了他是同性恋的把柄，并以此强迫他就范。在主导逮捕戈莱尼夫斯基后，罗杰·霍利斯一度希望借此来抵消乔治·布莱克给英国情报界带来的恶劣影响并为军情五处邀功。他亲自去见了时任首相麦克米伦，得意扬扬地宣布:"我抓住这个家伙了,我抓住他了!"麦克米伦却面无表情,一言不发。

本以为能让军情五处在饱受诟病后赢回颜面的霍利斯对首相冷淡的反应感到非常意外。麦克米伦一向对间谍活动不感兴趣,但他最厌恶的还是公开讨论情报事宜。在他看来,情报工作本就不应该走入公众视野。[16]

"您看起来不太高兴,首相大人。"

"对,我非常不高兴,"麦克米伦严肃地回答道,"当我的猎场管理员射杀了一只狐狸时,他不会把它挂到'猎狐犬'主人的客厅外面,他会把它埋在一个别人看不见的地方。"

接着麦克米伦继续训斥霍利斯。在他看来,军情五处几乎是成事不足,败事有余,而霍利斯本人则一无是处。[17]

哈罗德·麦克米伦早年就读于伊顿公学及牛津大学的贝利奥尔学院。一战爆发后从军,曾在西线的战斗中负伤。1924年他以保守党党员的身份当选下议院议员,开始了从政之路。二战期间,他在殖民地部任职并成为盟军在地中海地区的政治代表。20世纪50年代,麦克米伦先后出任过防卫大臣、外务大臣、财务大臣等要职。接替艾登出任首相后,他推行经济复兴政策,努力提高就业率,修补苏伊士运河危机后恶化的英美关系。然而,其任内爆发出一连串此起彼伏的间谍丑闻,让他疲于应付。最终,他因普罗富莫事件的恶劣影响而下台。

然而,霍利斯的麻烦还没有结束。

在布莱克刚被送入沃姆伍德·斯克拉布斯监狱时,他就已经成了那儿的名人。他形形色色的狱友几乎都对他表达了同情——因为这个判决被普遍认为是"不人道的",在牢里也是如此。而布莱克令人愉悦的性格,也让他成为沃姆伍德·斯克拉布斯监狱里的"明星"。在服刑期间,很多不会读写的狱友都会找他代笔写信、读信。

而在布莱克入狱服刑后不久,第三次柏林危机爆发,一道柏林墙最终将柏林城一分为二。与此同时,西半球的菲德尔·卡斯特罗宣布古巴将正式加入社会主义阵营。此时的卡斯特罗刚刚成功挫败了由中情局组织的在古巴猪湾的入侵行动,开启了新一轮的冷战热斗。

11. 古巴导弹危机的幕后

1961年4月，军情六处在伦敦迎来了一位来自莫斯科的"不速之客"。苏联国家科学技术委员会高级专家奥列格·潘科夫斯基（Oleg Penkovsky），当时正以苏联经济贸易代表团的名义在英国访问，而他的真实身份是格鲁乌的上校。前一年的7月，他在莫斯科主动接近一位美国留学生并给他一个包裹，请他转交给美国驻苏联大使馆。随包裹夹带的便条中，潘科夫斯基表示愿意向美国透露苏联方面的秘密情报。不过，当时的美国国务院及大使馆均对此人的身份和真实意图表示怀疑，更担心引发不必要的外交争端，因此拒绝与其直接接触。因此，中情局不得不向军情六处求助。在之后的数月中，军情六处通过一名在东欧从事外贸生意的英国商人与潘科夫斯基取得了联系。

在这次伦敦之行中，军情六处和中情局的官员与潘科夫斯基进行秘密会晤，双方约定了接头和传递情报的方式。在随后一年半的时间内，他们从这位格鲁乌上校那儿获得了大量情报，文件总量至少有5 000份。这让当时因布莱克事件而大受打击的军情六处士气为之一振，也让其有机会在美国人面前重拾自信。

潘科夫斯基访问伦敦时，来自军情五处的彼得·赖特也参与了相关行动。当时，军情六处要求他为相关的监听、监视活动提供技术保障。彼得·赖特对潘科夫斯基曾有过这么一段精确却又略含嘲讽意味的评价：

> 潘科夫斯基当时是军情六处皇冠上的明珠。他是一名格鲁乌高级军官，在1961—1962年为军情六处和中情局从事间谍活动，提供了大量有关苏联军事能力和意图的情报。这被大西洋两岸誉为二战以来对苏联情报部门最成功的渗透。潘科夫斯基提醒西方国家注意苏联在古巴部署了导弹，他提供的关于苏联核武库的情报决定了美国随后应对古巴导弹危机的方法。他还为确认苏联在古巴的导弹提供了证据。[18]

20世纪60年代初可被视为冷战大幕拉起后热战威胁最高的危险时刻，尤以古巴导弹危机为甚。在吉隆滩战役后，卡斯特罗一直要求苏联支援先进武器，如防空导弹系统，以抵御美国可能的入侵。1961年，苏联方面最先是提供了SA-2防空导弹，但随着柏林危机的升级，赫鲁晓夫开始考虑在古巴部署中程弹道导弹乃至核武器，希望借此制衡以美国为首的西方阵营。

长久以来，美国在核武器和战略远程打击力量方面都保有先发优势。尽管赫鲁晓夫在1959年年底曾公开宣称苏联的核武器与洲际导弹数量足以把其所有潜在对手从地球上消除，但实际上，当时能射到美国本土的洲际导弹数量还不足百枚。肯尼迪上台后，美国国防部长麦克纳马拉曾表示：1962年时美国拥有各类核弹头5 000枚，而苏联当时大概只有300余枚，能够发射到美国本土的洲际导弹也不过几十枚。换言之，苏联无法对美国实施同等规模的核打击报复。

为应对这种不利的战略格局，除了加紧充实自己的核武库，自1961年起，赫鲁晓夫还要求克格勃制订一个针对西方的战略欺骗计划，旨在通过各种方式、渠道夸大当时苏联核武器库的实力。例如，苏联陆军拥有了可以携带发射战术核武器的新型坦克；配备固体燃料的"北极星"导弹的核潜艇已投入使用；中程固体燃料弹道导弹开始大规模列装，可以在公路和铁路机动的远程导弹发射技术已成熟和普及。[19]

不过，战略欺骗归战略欺骗，苏联也希望能加强对美国的实际战略威慑。从这个角度来看，古巴的地理位置有一种天然的吸引力。用赫鲁晓夫自己的话来说，在古巴部署核导弹"除了保卫古巴，我们的导弹也可以在达到西方所谓的均势中起到作用，美国人用军事基地包围我国，用核武器威胁我们，而现在他们就会知道当敌人的导弹对准你的时候是什么滋味，我们干的也不过是小小地回敬他们一下"[20]。在赫鲁晓夫看来，美国人部署在土耳其的导弹"是瞄准和吓唬我们的"，"我们的导弹也将瞄准美国，哪怕我们的导弹比较少。但是，如果部署在美国附近，他们会更害怕"。[21] 1962年5月，苏联正式决定在古巴部署中程弹道导弹与核弹头。7月，时任古巴革命武装力量部部长劳尔·卡斯特罗访问苏联，双方就部署事宜正式签署了秘密协定。根据该协议，苏联将向古巴运送射程为2 000~4 000千米的中程导弹及核弹头，其他武器还包括地空导弹、海岸警戒巡航导弹以及战机等。同月，运输及部署工作便秘密启动。

尽管此事被列为当时苏联的最高机密，但美国的情报部门依然在第一时间就捕捉到蛛丝马迹。1962年8月29日，美方通过空中侦察机首次发现在古巴出现了大量新设的防空导弹阵地及配套军事设施。与此同时,中情局也统计出共有17艘苏联船只到了古巴,估计有4 000~6 000名苏联人随船抵达。尽管美国国内开始出现怀疑苏联可能在古巴部署弹道导弹的声音,但当时美国的决策层并不真正知道克里姆林宫发生了什么,也不清楚卡斯特罗的意图,更缺乏实际的证据或线索来确认苏联人在古巴到底是在干什么。事后证明,中情局当时的情报严重低估了苏联在古巴的军事力量。7—10月,苏联动用了85艘舰船,把42枚弹道导弹、162枚核弹头、42架伊尔-28轰炸机连同4.3万名苏联军人运进了古巴。

此时,潘科夫斯基所提供的情报就非常意外地发挥了重要作用。1961年4月后,他泄露给军情六处和中情局的情报大部分都是有关军事科技与装备的,例如SS-4中程弹道导弹的操作手册,而部署在古巴的导弹正是这个型号。依靠潘科夫斯基之前泄露的情报,美国军方、情报机构才能更方便地通过间谍飞机拍摄的航空照片来辨识地面的导弹设施。1962年9月初,美国国防情报局的分析人员注意到,古巴新设的防空导弹阵地的布局与其用来保护弹道导弹发射基地的布局极为类似。而他们之所以能掌握这个细节,有赖于潘科夫斯基提供的情报。因此,在国防情报局的要求下,中情局和美国空军增加了U-2侦察机在古巴上空的侦察频率。10月14日,U-2侦察机第一次拍摄到SS-4的建设工地。虽然潘科夫斯基从未提及苏联在古巴的军事部署,但他提供的苏联导弹技术数据和细节,帮助美国人正确识别了古巴当地的导弹型号。次日晚上,美国政府相关机构核实并确认了苏联已在古巴部署核导弹的事实。16日早上,肯尼迪总统听取国家安全事务助理麦乔治·邦迪(McGeorge Bundy)的正式汇报并召开了紧急会议。

在之后的几天时间里，白宫围绕入侵、轰炸和封锁这三个选项摇摆不定、争论不休。肯尼迪在经过反复斟酌后，确定对古巴实施海上封锁，即所谓隔离检查，同时也着手准备采取军事手段。

10月18日，计划参加联合国例行大会的苏联外交部长葛罗米柯顺道访问了华盛顿，并在白宫与肯尼迪总统及国务卿腊斯克进行了会谈。会上，美方国务卿腊斯克展示了U-2拍摄的苏联弹道导弹照片并质问相关情况，葛罗米柯则只是一再重复对古巴安全的担忧。在会谈的最后，肯尼迪非常失望地表示："至于古巴，我无法理解今年7月究竟发生了什么事，特别是考虑到赫鲁晓夫先生所说的关于他理解美国的立场的话。"[22]

10月21日夜间10点左右，麦克米伦在唐宁街10号的官邸收到了一封肯尼迪总统发来的紧急电报：

> 航空情报已证实上周苏联的确在古巴部署了大量中程导弹。目前已确认部署的地点有6个，另外两个处于战备状态。总之，显然尽管苏联一再保证不部署核武器，但是一场大规模的秘密行动仍在进行……苏联走了一步险棋，显然造成了一场最严重的危机。[23]

看完这份电报后，麦克米伦轻声嘟囔了一句："这下美国人总算认识到过去的许多年我们在英国到底经历了什么。"或许是担心旁人觉得这话过于尖酸刻薄，他又补充道："我可能没有表述清楚。我当然会全力以赴，支持肯尼迪总统。"

10月22日，肯尼迪通过广播、电视向全美民众宣布了这一情况，并要求军方为进一步可能的军事行动做好一切准备。面对美方激烈的反应，赫鲁晓夫起初表面上还是维持强硬态度，谴责海上封锁并重申古巴安全的重要性。但是，25日，原定驶往古巴的苏联舰船陆续开始停止航行或掉头返航。赫鲁晓夫本人在26日给肯尼迪发去了一封意在缓和事态的电报，提出：如果美国承诺不入侵古巴也不支持任何对古巴的入侵，那么苏联也可以不再向古巴运送任何武器。次日，他又提议，美国如果从意大利和土耳其撤走已部署的弹道导弹，那么苏联也可以从古巴撤走导弹。

10月27日，一架在古巴上空执行侦察任务的U-2侦察机被苏制防空导弹击落，双方剑拔弩张的紧张气氛到达顶点。同一天，肯尼迪回复了赫鲁晓夫的"建议"，有条件地表示同意，但要求苏联除了运走导弹，也必须承诺不再把类似武器运入古巴。至于"从意大利和土耳其撤走弹道导弹问题"，肯尼迪则指示他的弟弟罗伯特私下与苏联驻美国大使多勃雷宁会面，表示：出于国内政治的考虑，白宫方面不会同意将其作为此次协议的正式交换条件，但之后会事实上撤走那里的导弹。与此同时，白宫也在紧锣密鼓地准备军事入侵方案，如果美苏双方无法达成妥协，那么就计划在10月29日、30日采取针对古巴的军事行动。

实际上，克里姆林宫也通过自己安插在英美的情报人员了解到美军的入侵随时可能发动，因此在收到肯尼迪答复的第一时间就做出了接受美国提议的决策并连夜起草答复信件。随着27日、28日肯尼迪与赫鲁晓夫来往电报信函所达成的妥协，一场两个超级大国间的武装冲突暂时得以缓解。此后，双方的外交代表们开始了下一阶段艰难的讨价还价。

1992年，古巴导弹危机30周年之际，哈瓦那召开了一场国际研讨会。卡斯特罗亲自参会并发表讲话。在谈到赫鲁晓夫在古巴部署导弹的战略意图时，卡斯特罗坦率地指出：当初古巴接受苏联在古巴部署中程导弹的建议，不是为了保护古巴，而是为了加强社会主义阵营在国际力量对比中的地位，赫鲁晓夫希望能改善苏联当时在同美国的战略核力量对比中所处的不利地位。同时，卡斯特罗也表示，自己当时过于相信苏联的宣传，即苏联在导弹技术方面比美国强大，否则的话，他会"谨慎从事"。[24]

与之相对，尽管在事件爆发之初，英国首相麦克米伦便一直公开力挺美国的封锁政策，甚至对可能的军事行动表示理解和赞同；不过，麦克米伦私下里却常"礼貌地"向肯尼迪指出："总统先生，英国将在这场危机中一直支持你。但你必须记住，英国人多年来一直生活在苏联导弹的阴影下，这些导弹几乎就在我们家门口。实际上，我们英国人看不出现在发生的事情真的让美国陷入更加危险的境地。"

至于在这场空前危机的幕后发挥了意想不到的作用的潘科夫斯基，却并没有意识到这场危机与自己有什么直接关系。然而，就在肯尼迪总统发表全民讲话的同一天即10月22日，潘科夫斯基在莫斯科被克格勃逮捕，而之前为军情六处充当联络人的英国商人也在东欧出差时被逮捕。

12. 叛徒们的游戏

20世纪60年代初的苏联核武器、弹道导弹技术的研发进展,无论是英国还是美国,都将之视为需要刺探、调查的头等大事。当时,全天候的卫星侦察尚不存在,高空侦察机则有极高的风险。1960年5月1日,美国U-2侦察机在苏联领空被击落后,美国不得不叫停高空侦察。[①]于是,在侦察卫星投入使用之前,出现了一段时间的技术侦察情报真空,进而更依赖如潘科夫斯基这样的人力资源。与潘科夫斯基的合作关系的建立,成为当时军情六处最值得向美国人炫耀的战绩,似乎这就能抵消金·菲尔比和乔治·布莱克带来的负面影响,为英国情报界重新争得面子。

事实上,潘科夫斯基的材料不但让西方阵营对苏联弹道导弹的情况有了更深入的了解,还在一定程度上缓解了他们的战略焦虑——苏联在导弹方面的技术仍处劣势,西方尤其是美国仍然在技术上领先。迪克·怀特在陪同麦克米伦访美时就注意到:潘科夫斯基的情报渐渐

---

① 1960年5月1日,一架从巴基斯坦白沙瓦起飞的美国U-2高空侦察机在苏联领空被苏军导弹击落。美国政府最初矢口否认这架飞机是间谍飞机,直到苏联方面对外公布了美军飞行员弗朗西斯·G.鲍尔斯(Francis G. Powers)的证词与U-2的残骸后,才被迫承认在苏联领空进行了高空侦察活动。1962年,美国用之前逮捕的苏联克格勃间谍鲁道夫·阿贝尔(Rudolf Abel)在柏林换回了鲍尔斯。潘科夫斯基曾向英美方面透露过苏联击落U-2侦察机的技术细节与全过程。

奥列格·潘科夫斯基（1919—1963）
https://ru.wikipedia.org/wiki/Пеньковский,_Олег_Владимирович#/media/Файл:Oleg_Penkovsky_CIA.png

潘科夫斯基毕业于基辅炮兵学校，曾参加苏芬战争与苏德战争。他的父亲是一名白军军官并死于苏俄国内战争。二战结束后，潘科夫斯基被送去伏龙芝军事学院进修，1953年，正式调入格鲁乌，派驻土耳其、印度。1960年，在即将晋升将军前，他被左迁至苏联国家科学技术委员会。据说是因为他父亲的白军背景，他未能通过克格勃的考察，所以他萌生了不满与报复的想法，并尝试与西方国家的情报部门建立联系。据说克格勃其实很早就注意到潘科夫斯基与军情六处、中情局的联系，监视了近一年后才在1963年10月底将其逮捕，之后判处其死刑。该事件也被认为是时任格鲁乌局长伊万·谢罗夫（Ivan Serov）被免职的原因之一。

改变了美国对待苏联的态度，而麦克米伦本人同样对其中内容印象深刻。例如，肯尼迪在竞选时还宣称苏联的导弹研制水平已经超越美国，但根据潘科夫斯基提供的材料，实际情况恰恰相反。[25]换言之，对西方而言，潘科夫斯基的最大贡献或许是揭露了赫鲁晓夫的战略欺骗计划。

不过，在接触过程中，军情六处也逐渐发现了这位格鲁乌上校神经质的性格以及古怪的言行。首先，潘科夫斯基的叛变并非出于理念或意识形态，从一开始他就向英国人索取报酬并提出最好给他便于携带的钻石。除了金钱的欲望，他的变节也带有很深的报复意味：他一直认为是由于自己父亲曾是白军，所以他无法晋升将军，至多只能当上校。此外,潘科夫斯基还是一个容易陷入自我臆想而又希望得到外界关注、承认的人。在与军情六处的接触过程中,他一再要求英国人称赞、承认他的重要性,要求获颁爵位,甚至提出要见英国女王伊丽莎白二世。而让军情六处对潘科夫斯基的精神状况产生疑问的是,这位变节的格鲁乌上校声称:英国和美国应该设法暗杀赫鲁晓夫,甚至提出可以在莫斯科周围安放迷你核弹,一举消灭苏联整个领导层。[26] 面对这位变节者的要求和各类异想天开的想法,军情六处只能连哄带骗地勉力安抚。[27]

一个亟须重建声誉的情报机关,一个充满虚荣心的叛逃者,这个组合可以说是各取所需。对此,彼得·赖特的评价是:

> 潘科夫斯基给我的第一印象就是他的到来纯属巧合。如果说某个组织亟须一场胜利,那就是20世纪60年代初的军情六处。当时的军情六处受到菲尔比和乔治·布莱克的双重打击,在克拉布事件①和灾难性的苏伊士行动②之后士气极度低落,而迪克·怀特试图重振士气。[28]

而在军情六处与潘科夫斯基接触的同时,还有一名克格勃的间

---

① 1956年4月,赫鲁晓夫访英期间,军情六处不顾时任首相安东尼·艾登的命令,派遣皇家海军原潜水员莱昂内尔·克拉布(Lionel Crabb)对停泊在朴次茅斯的苏联军舰进行秘密水下侦察,结果克拉布有去无回。14个月后,他的尸体在切斯特港附近被发现。事后,艾登对军情六处的擅自行动大发雷霆,直接导致时任六处局长约翰·辛克莱(John Sinclair)被免职。

② 指第二次中东战争(1956年10—11月)前后,军情六处为配合英国、法国在西奈半岛的军事作战而实施的情报活动。

谍与中情局取得了直接联系。1961年12月，克格勃战略规划部门的少校阿纳托利·戈利岑（Anatoliy Golitsyn）在芬兰赫尔辛基叛逃，由中情局护送而辗转抵达美国。在叛逃前，戈利岑正以苏联驻芬兰大使馆外交官的身份在当地活动。在抵达美国后的第一时间，当时中情局反间谍部门的负责人詹姆斯·安格尔顿就对戈利岑进行了审讯。安格尔顿急于向戈利岑求证一条在他心中盘旋了十余年的疑问——金·菲尔比究竟是不是苏联人的间谍？

阿纳托利·戈利岑出生于乌克兰的皮里亚廷，二战结束后加入克格勃并在其战略规划部门工作，官至第一总局少校。1961年，他利用外派芬兰大使馆的机会叛逃至美国。在中情局接受问询时，他坚持只与反间谍部门的负责人安格尔顿谈话。他曾告知安格尔顿：中情局持续被苏联方面渗透，并指出除他以外的苏联叛逃者可能都是"假货"。彼得·赖特认为戈利岑成功说服了安格尔顿。军情五处的阿瑟·马丁曾与戈利岑会面。后者的情报确认了金·菲尔比的间谍身份并第一次明确提到"克格勃在英国有一个非常重要的'五人组情报网络'"，而戈利岑认为这个网络所涉及的人员其实早就不止五人了。不过，戈利岑也是指责英国首相哈罗德·威尔逊为苏联间谍传闻的始作俑者之一，这导致不少人认为他是一个居心叵测的阴谋论者。1996年的电影《碟中谍》（Mission: Impossible）曾以阿纳托利·戈利岑为原型，虚构了一个角色——亚历山大·戈利岑（Alexander Golitsyn）。

对安格尔顿来说，这是一个巨大的心结。当菲尔比以军情六处联络人的身份在华盛顿工作时，二人曾经建立了深厚的友谊。当菲尔比被指为苏联间谍时，安格尔顿起初难以置信，而这一事件也彻底改变了安格尔顿的职业生涯与工作态度。多年后，他甚至说过：如果他是一个杀人犯，那么他一定会宰了菲尔比。1953年，艾伦·杜勒斯

出任中情局局长。1954年，安格尔顿被任命为反间谍部门的负责人。在亲身经历过菲尔比事件后，安格尔顿开始对任何蛛丝马迹都首先投以怀疑的目光，甚至认为任何反间谍部门的负责人应该首先假设自己所在的机构已经被其他势力渗透，并以此为前提开展工作。这种过激的观点，也让不少人认为他因菲尔比事件而变得偏执，乃至崇尚阴谋论。

詹姆斯·安格尔顿（1917—1987）
资料来源：https://en.wikipedia.org/wiki/James_Jesus_Angleton#/media/File:James_Jesus_Angleton.jpg

二战期间，安格尔顿作为战略情报局的工作人员长期旅欧，负责在意大利及中欧地区的情报搜集与交换工作。二战后，他成为中情局的创始成员。在经历菲尔比事件后，安格尔顿转而坚信中情局、军情六处和军情五处等西方情报机构已遭苏联方面严重渗透，他以不择手段寻找卧底、内奸而闻名，甚至多次指控英国首相哈罗德·威尔逊、加拿大总理皮埃尔·特鲁多（Pierre Trudeau）等外国领导人也是苏联间谍。1965年，他在给英国政府的报告中强烈要求撤换罗杰·霍利斯，导致后者最终退休。中情局第六任局长理查德·赫尔姆斯（Richard Helms）曾称其为"非共产主义世界中最卓越的反间谍人员"。不过，由于其观点过激，中情局内部长期存在"安格尔顿派"与"反安格尔顿派"的冲突。而彼得·赖特自然是安格尔顿在军情五处乃至整个英国情报圈子中最坚定的盟友。不过，也有不少人认为他们两个人"互相刺激对方的偏执想法"。

戈利岑提供的情报虽然并没有直接提到诸如金·菲尔比、乔治·布莱克等人的名字，但其提供的信息足以间接地确认这些人的身份。安格尔顿自然也将这些情况转告给英国的同行，并同意让英国也派人来找戈利岑问话。于是，军情五处局长霍利斯、军情六处局长迪克·怀特都不得不同意再次调查并审讯菲尔比。前者曾是菲尔比所推崇的反间谍干部，后者则在1951年主持过对菲尔比的调查。起初，他们选择的调查人选是五处的阿瑟·马丁，因为他也曾在1951年参与调查，对菲尔比知根知底。结果到最后一刻，却换成了尼古拉斯·埃利奥特（菲尔比曾经的好友）。埃利奥特被派去贝鲁特调查菲尔比，理由是他之前曾担任过贝鲁特的站长，也成功处理过乔治·布莱克的事件。

彼得·赖特对此自然非常不满，曾直白地指责道：

> 我们军情五处内部少数知情人对这个决定都感到震惊……我们军情五处从一开始就认定菲尔比有罪，现在终于有了我们需要的证据来逼迫他就范。菲尔比在军情六处的朋友们，尤其是埃利奥特，却一直坚称他是清白的。现在，当证据无可辩驳时，他们仍想在内部解决。选择埃利奥特也引起了强烈的不满。他是伊顿前校长的儿子，举止懒散，一副上流人士的做派。[29]

1963年1月10日，埃利奥特从伦敦赶到贝鲁特，与菲尔比当面谈话。埃利奥特告诉他的这位老朋友：现在有了新证据，要求菲尔比坦白自己的罪行。与之前10年矢口否认的态度截然不同，此时的菲尔比非常爽快地承认从20世纪30年代起自己确实曾向苏联方面提供情报。此外，菲尔比对埃利奥特突然造访并不意外，似乎早就知道他会来找自己。

菲尔比告诉埃利奥特：自己是在1934年被首任妻子招募的，而他之后又招募了伯吉斯和麦克莱恩；不过，他为苏联的间谍服务止于1945年，因为当时他已经"认识到了自己的错误"。至于1951年他向伯吉斯、麦克莱恩透露消息，只不过是"出于对朋友的忠诚"，而不是一个仍然活跃的间谍为另一个间谍打掩护。听完菲尔比的供述，埃利奥特甚至流露出同情和理解的神情：

> 你在1945年停止为他们（苏联人）工作，我对此非常确定……我可以理解在战争之前或期间为苏联工作的人。但是到了1945年，你这样聪明和有魄力的人必然看到关于斯大林可怕行为的所有传闻并不是传闻，而是事实……你决定与苏联一刀两断……因此，我可以向你保证，迪克·怀特也可以保证，你将免于答责，你将被赦免，但前提是你自己坦白。我们需要你的合作、你的帮助。[30]

事实上，在埃利奥特这类英国统治阶级的精英看来，青年时代的左翼倾向乃至信奉共产主义就如同一种人人都会得的荨麻疹，甚至觉得人们正是青年时代得过这种荨麻疹，日后才会有免疫力。因此在面对菲尔比等人的过往历史时，他们会采取一种近乎视而不见或习以为常的态度。

只要他还是"我们的人"，那么就随时欢迎他回来。

2022年，根据菲尔比事件改编的电视剧《敌友难辨》（*A Spy Among Friends*）正式上线。著名演员戴米恩·路易斯（Damian Lewis）、盖·皮尔斯（Guy Pearce）分别饰演埃利奥特与菲尔比。该片改编自本·麦金泰尔（Ben Macintyre）的同名纪实作品。

埃利奥特与菲尔比前后交谈了四天。其间，为了验证菲尔比是否坦白，埃利奥特曾给菲尔比看了一张写有12个名字的名单，这些都是军情五处、军情六处认为有间谍嫌疑的人，要求菲尔比圈出他所知道的苏联间谍。其中，就有"剑桥五人组"的另两位：安东尼·布伦特、约翰·凯恩克罗斯。结果，菲尔比选了一个完全无关的名字。此外，菲尔比此时的行动也完全没有受到任何实质上的限制，埃利奥特似乎认为菲尔比身为一位上流社会的绅士不会轻举妄动，他们之间完全可以心平气和地理性交流。事后，彼得·赖特在听两人在贝鲁特的交谈录音时曾评论道："他们就像是两个微醺的广播主持人，操着热情、典型的公学口音讨论着20世纪最重大的背叛行径。"[31]

对菲尔比而言，选择无非是两个：要么相信老友的话，回英国期待被赦免，如同布伦特那样；要么就是义无反顾地逃往莫斯科。最终，他选择了后者。1963年1月23日，金·菲尔比突然从贝鲁特消失。当晚，他悄悄地搭上了一艘苏联货轮，彻底与过往30年的卧底生涯诀别。

事后回顾整个过程，不难发现当时的英国情报机构——无论是军情六处还是军情五处，似乎都并不希望真的将金·菲尔比抓回英国受审。在乔治·布莱克案件之后，再次把菲尔比送上法庭，除了对英国情报机构的声誉造成伤害，让英国政府陷入尴尬，几乎全无益处。

金·菲尔比在英国的克格勃联系人莫丁就一针见血地指出："在我看来，整起事情都是政治操纵的结果。对英国政府来说，起诉菲尔比没有任何好处。一场重大审判，必然伴随着惊人的揭弊和丑闻，势必会动摇英国的体制。"[32] 所以从某种程度上来说，金·菲尔比是被刻意放走的。约翰·勒卡雷也持有这种观点。他认为，对英国的精英统治阶层来说，把金·菲尔比带回伦敦的风险可远大于"送去"莫斯科。而根据霍利斯晚年的自我辩解，当时他和军情五处的高层都非常担心"剑桥五人组"等一系列事件会影响军情五处在英国情报界的地位和权力，因此更倾向于低调处理，而非大张旗鼓地追责彻查。

当然，除了英国情报机构内部政治斗争的原因，金·菲尔比之所以能如此从容不迫地叛逃，似乎有另一层更隐秘的缘由。无论是他对埃利奥特的造访早有准备，还是最终从容叛逃，都透露出一个迹象：苏联人依旧能接触到深藏在英国情报机构内部的线人，而这个线人始终注视着菲尔比事件的动向。多年之后，彼得·赖特、安格尔顿、阿瑟·马丁等人认为军情五处内部只有时任局长霍利斯和副局长格雷厄姆·米切尔（Graham Mitchell）才有这样的权限。而在1961年4月，英国政府迫于压力不得不宣布金·菲尔比失踪的消息后，罗杰·霍利斯在一份发送给美国联邦调查局局长胡佛的备忘录中这样写道：

> 根据我们的判断，菲尔比关于与苏联人关系的陈述在很大程度上是可信的。它与我们所掌握的所有可用证据相符，我们没有证据表明他在1946年之后继续为苏联人做事，除了麦克莱恩这一孤例。如果是这样，那么对美国利益的损害将仅限于二战期间。[33]

而胡佛则对霍利斯的认识感到不可思议，无法理解这些英国人居然还相信菲尔比所讲的话。

在到达莫斯科几周后，金·菲尔比给埃利奥特写了一封信，信中写道：

> 我非常感谢你一直以来的友好协调。我本可以更早些与你联系的，但我认为再等等或许更好。我们过往的会面和交谈总叫我感念。这些回忆能在这个复杂的世界中帮助我找到方向。我始终对我们之间深厚的友谊深怀感激，并希望关于你因我而遇到麻烦的传闻并非实情。如果我给你造成了麻烦，那对我也将是痛苦的，但我相信你已经找到了摆脱困境的方法。[34]

1968年，金·菲尔比还出版过一本讲述自己在军情六处生涯的回忆录——《我的秘密战争》(*My Silent War*)。当时英国政府认为这本充满恶意的回忆录是苏联方面宣传战、舆论战的一部分，意在破坏英国情报部门的声誉，因此曾施压英国的各大媒体和出版社不得发行、披露这本回忆录的内容。

至于另一位叛逃者潘科夫斯基，就没有金·菲尔比这般幸运了。1963年5月，他因叛国罪被送上了军事法庭的审判席并被判处死刑。

一个月后，金·菲尔比公开在莫斯科亮相。在莫斯科，他见到了十余年未见的伯吉斯和麦克莱恩。而伯吉斯在与菲尔比重聚后不久，便因肾功能衰竭及其并发症去世。不过，三年后，还会有一位新成员加入这个莫斯科的"叛徒小组"。

他就是乔治·布莱克。

1966年10月22日，布莱克在狱友的帮助下，成功越狱并渡过英吉利海峡，穿越北欧和联邦德国，经民主德国，成功逃亡苏联。布莱克将自己能成功越狱归结于自己的好人缘：

> 监狱内外都有人帮我，如果没有他们的帮助，越狱当然是不可能成功的。如果我被判了14年，我相信自己只能服完全部刑期。[35]

实际上，在1964年，时任英国内政大臣布鲁克勋爵（Lord Brooke）曾警告军情五处和监狱方面："如果布莱克越狱逃走，那么无疑就是另一桩火车大劫案①，结果是灾难性的。"而罗杰·霍利斯则保证万无一失，"布莱克不可能越狱，因为他太受关注了"[36]。

站在政治和舆论的角度来看，无论是布莱克、菲尔比，又或是伯吉斯、麦克莱恩，他们对英国所造成的最严重伤害或许并非因为他们所泄露的情报，而是他们的真实身份被揭穿、被发现本身。当任何一名英国高级官员或情报人员都可能被揭发是苏联间谍后，英国人对其社会的信任必然会进一步瓦解。而在这种氛围之下，任何人都是可以被怀疑的，哪怕是军情五处、军情六处的最高长官，甚至首相本人也不例外，美国方面也对英国同行频发的叛徒丑闻感到强烈不满。

1963年，因为一系列纰漏而饱受抨击的罗杰·霍利斯批准了一

---

① 指1963年8月在英格兰白金汉郡发生的皇家邮政火车劫案。当时有15名劫匪抢劫了一辆从格拉斯哥驶往伦敦的皇家邮政列车，共劫走超过260万英镑的现金。这是英国近现代史上涉案数额最大的抢劫案件之一，也被认为是导致麦克米伦内阁下台的事件之一。

项对自己副手、军情五处副局长格雷厄姆·米切尔的秘密调查，因为米切尔在之前对伯吉斯、麦克莱恩的调查中完全"忽略"了金·菲尔比。当时军情五处 D 部门的负责人阿瑟·马丁与彼得·赖特都怀疑军情五处或军情六处内部有高层成员是苏联的卧底，甚至就是那个神秘的"埃利"。因为能接触并泄露金·菲尔比相关信息的，只可能是高层人物。实际上，阿瑟·马丁、彼得·赖特把霍利斯和米切尔都列为了嫌疑人，而在跟霍利斯报告时，他们却只提到了米切尔。

> 他（霍利斯）弯腰坐在办公桌前，脸色苍白，脸上挂着奇怪的微笑。我（阿瑟·马丁）解释了自己的想法，指出格雷厄姆·米切尔就是我心目中最有可能的嫌疑人……我原以为自己的话多少都会受到质疑，但他除了说"那好吧，我会考虑一下"，没讲任何话。[37]

然而，在秘密调查刚开始后不久，米切尔便因身体健康原因提前退休了，针对他的调查随即便被霍利斯喊停。为此，霍利斯甚至不惜解雇了不愿罢手的阿瑟·马丁，"只给了他两天时间清理办公桌"。最终，军情六处局长迪克·怀特不顾霍利斯的反对，收留了马丁。[38]而这一事件，也让彼得·赖特几乎肯定了自己对霍利斯的怀疑。

一年多以后，霍利斯也从军情五处退休。

然而，围绕军情六处、军情五处卧底的疑云并未随之消散。

与此同时，在经历过古巴导弹危机后，美苏双方均开始主动缓和紧张的对峙状态，先后签署了一系列限制核试验、弹道导弹的国际条约，东西方冷战随之进入一段相对平静的时期。自20世纪60年代中叶后，美国一步步陷入越战的泥潭，苏联则在亚非拉各地壮大自身阵营的势力。而冷战对抗态势的再次骤然加剧，则要等到20世纪70年代后期，并在20世纪80年代初期引发了一场远比古巴导弹危机更危险的冲突。其间，双方各自埋藏在对方中的"鼹鼠"也在无意间拨动了世界命运的方向盘。

从1979年起，美苏两国之间的对抗再度呈现升温的态势。首先是卡特政府提出要与苏联就后者围绕欧洲部署中程弹道导弹的问题展开新一轮谈判，若双方无法在1983年前达成一致，那么美国就会单方面针对苏联部署上百枚新型的潘兴2导弹以及其他巡航导弹。此后，由于苏联入侵阿富汗，美国又开始领导对苏联实施全方位的制裁。而负责卡特政府对苏政策的国家安全事务助理布热津斯基对苏联的反感近乎本能且毫不掩饰。在处理对苏关系上，他并不认同基辛格所笃信的权力平衡理论，主张全面对苏强硬并通过各种手段促使苏联阵营内部的分裂瓦解。例如他积极主张利用人权等意识形态手段来攻击苏联的政治合法性。阿富汗战争爆发后，他又说服卡特带领西方国家集体抵制莫斯科奥运会并支持阿富汗境内的反苏抵抗势力。

在里根政府上台后，咄咄逼人的新自由主义外交攻势也在布热津斯基的政策基础上进一步发扬光大。此时美苏之间的对抗氛围又让人有一种似曾相识的感觉：军备竞赛如火如荼，大规模的军事演习此起彼伏，间谍特工在各处进行激烈较量。

1983年3月6日，麦克莱恩因严重的肺炎在莫斯科去世，享年69岁。20天后，安东尼·布伦特因心脏病突发在伦敦的家中去世。

这两位"叛徒"的相继过世，似乎也为1983年预示了一个不太好的兆头。

五

1983：最危险的一年

献给我的朋友奥列格——不要相信任何写在纸上的东西![1]

——金·菲尔比

我们的目标是不要错失敌人的军事准备和我们最险恶的敌人发动核打击的准备,不要轻视战争爆发的现实危险。[2]

——安德罗波夫

13. 被击落的客机

1983年8月31日，美国阿拉斯加安克雷奇国际机场。

当地时间22点，由于天气原因延误半小时后，大韩航空007号班机起飞了。这是一条从1979年4月起就开始运营的定期航线，从美国纽约的约翰·F.肯尼迪机场起飞，经停安克雷奇国际机场，最终抵达韩国的金浦国际机场。这一天执飞的客机是一架波音747-230B（编号HL7442），共载有240名乘客，另有机组人员29名。

根据原计划，大韩航空007号班机（以下简称"007号"）应在9月1日韩国当地时间6点抵达目的地。然而，9月1日子夜0点51分，这架客机却已大幅向北偏离既定航线，出现在苏联防空雷达屏幕上，并朝着堪察加半岛的东北方向飞行。苏联军方认为这肯定是一次美军战机的挑衅侦察，于是苏军战斗机马上升空欲将其驱离。

1点30分，007号已经侵入苏联领空。

2点36分，007号穿越堪察加半岛上空，接近库页岛，苏军进一步提高警戒状态。

3点08分，奉命拦截的苏-15和米格-23战斗机发现了007号。由于天色较暗，苏军飞行员无法确认其具体机型，但向基地报告，目击该飞机装备航行灯与防撞灯。

3点21分，苏军战斗机用机炮进行了警告射击，因未装备曳光弹,警示效果不佳,而007号也未做出任何反应。

3点23分,007号爬升至约10 668米并减速。苏军则以为这是一种规避动作,于是决定在其离开苏联领空前将其击落。

3点25分,一架苏-15战机向007号发射了2枚空对空导弹,30秒后击中目标。

3点27分,007号的黑匣子记录中断。

3点28分,007号从苏联及日本北海道雷达站的监视器上消失。

9月1日早上7点左右,日本各大媒体报道称大韩航空007号班机在库页岛附近失踪。当天晚些时候,美国政府正式宣布"苏联军机击落了007号班机"。次日,苏联方面也召开记者会,指出疑似007号班机的飞机侵犯了苏联领空。9月6日,美方在联合国安理会的紧急会议上播放了苏联军机与基地之间的监听录音,而这段监听录音则来自北海道的日本自卫队雷达站。在此之后,苏联虽承认了击落007号的事实,但坚持认为这是一架"伪装成民航机的间谍机",其"严重侵犯了苏联领空",因此将其击落是合法的。

在此之后,美苏双方围绕该事件爆发了长久的舆论攻防战。以美国为首的西方阵营将此事件视为反苏宣传的最佳案例,开足马力予以抨击。围绕007号班机为什么会大幅度偏离航线、侵入苏联领空,也产生了各式各样的观点,直至今日仍没有定论。唯一可确定的是,机上的269人全部罹难,成为20世纪80年代冷战紧张态势新高峰的牺牲品。实际上,当时苏联最高领导人安德罗波夫对此事件极为忧虑,曾命令当时回国休假的驻美大使多勃雷宁紧急返回华盛顿,以缓和紧张的氛围:

我正在克里米亚休假,安德罗波夫紧急召我回莫斯科。当我进入他的办公室时,他看上去有些憔悴和忧虑。他说我必须提前结束休假,并命令我:"立即返回华盛顿,并尽最大努力一点一点地淡化这一不必要的冲突。我们的军队因击落韩国民航班机而铸成大错,这或许需要很长时间才能使我们摆脱这一困境。"他当着我的面给国防部长乌斯季诺夫打电话,并命令他做出向我介绍情况的安排。

在同我谈话时,安德罗波夫咒骂"那些一点儿也不关心政治大问题的傻瓜将军"使我们同美国的关系处于全面崩溃的边缘。[3]

从现在的视角回顾整起事件,多少会让人感到有些不可思议。毕竟在此之后不到8年,冷战便以苏联解体而宣告结束。然而,若从当时的视角来看,1983年或许是自古巴导弹危机后冷战的新高峰。实际上,1963年后,随着《禁止在大气层、外层空间和水下进行核武器试验条约》《不扩散核武器条约》等协议的签订,美苏之间战略对抗的强度有了明显缓解,超级大国间全面核战争的可能性也变得越来越低。核威慑下的战略平衡成为一种"必要之恶",约束着各自的行为。同时,美国深陷越战的泥潭,也给了苏联方面更多的战略空间和安全感。

20世纪80年代初,里根总统似乎想要在他的第一个任期内努力效仿艾森豪威尔,在各方面对苏联采取步步紧逼的态度,而他对苏联的强硬政策在1983年达到顶峰。其间,最具代表性的事件是里根在1983年3月8日的公开讲话中直接将苏联称为"邪恶帝国",从根本上否认了其合法性。同月 23 日，里根发表电视讲话，提出战略防御计划，即星球大战计划，宣称要为美国建立起一套强大的导弹防御系统，从根本上消除苏联导弹对美国的战略威胁。

里根有关星球大战计划的发言余音未消，美军便在北太平洋地区组织了一场规模空前的军事演习——"舰队演习 83-1"（FleetEx 83-1）。从 1983 年 3 月底至 4 月中旬，一共动员了"企业"号、"中途岛"号和"珊瑚海"号三个航母战斗群，总计 40 艘军舰、2.3 万名军人与超过 300 架飞机参加这场演习。除美国外，澳大利亚、加拿大也参加了演习。当时，该演习被视为自二战以来太平洋舰队进行的最大规模演习。这场演习的目的是故意在苏联周边临近海域进行军事挑衅，以便借此研究苏军的反应、战术及战备水平。演习期间，美军的反潜机与攻击型潜艇有意在苏联弹道导弹核潜艇可能出现的海域巡航。此外，参演的美军飞机甚至侵犯了苏联领空，穿越南千岛群岛的上空并对地面目标进行模拟投弹。在这场声势浩大的演习结束后，美军战斗机、侦察机对苏联远东地区的抵近、越界侦察不仅未停息，频率反而越来越高。用时任美军横田空军基地首席情报分析官布赖恩·莫拉（Brian Morra）的话来说，自 1983 年 4 月之后，美苏军机拦截和对峙的情况呈指数级增长。在大韩航空 007 号被击落前一个月，莫拉曾在给太平洋战区司令部的简报中警告：苏联的戒备状态正在提升，任何侵犯其领空的飞机都有被击落的可能，而他也承认美军某些行动确实是鲁莽的。[4] 围绕美国军机在远东地区的一系列挑衅式飞行，苏联政府曾通过外交渠道向美国提出正式抗议。

这一系列行为直接导致苏联军方尤其是空军在远东地区长期处于高度紧张的戒备状态。为此，苏联远东军区数个基地的军官曾因为未能及时发现或起飞拦截入侵挑衅的美军军机而遭撤职。显而易见，这种高度紧张的戒备与管理，直接营造出大韩航空007号悲剧的前提和氛围。美军频繁的挑衅与苏联军机在这场悲剧中的激烈反应之间，自然存在因果关系。直接击落客机的确实是苏联空军的苏-15战斗机，但在事件前后在该区域频繁挑衅的美军多少也应负间接责任。事实上，美国在1983年前后的一系列高强度军事演习，均是其心理战的一部分。美国国家安全局曾在一份内部报告中露骨地表示："这些活动旨在引发（苏联人的）妄想症，事实证明它们起作用了。"[5] 5月，安德罗波夫在苏共中央的回忆中表示："如果看一下发生在西方国家的事件，那么可以说，那里形成了反苏同盟。这当然不是偶然的，是极危险的。"[6]

9月29日，在007号客机击落事件发生近一个月后，《真理报》上发表了一篇安德罗波夫针对美苏关系的声明，其悲观地表示："如果有人曾对美国现政府的政策有可能向好的方向发展抱有过什么幻想的话，那么最近发生的事件表明，这种幻想已完全破灭了。"从苏联高层到民间，都从这篇声明中感受到了紧张气氛，不少人开始将那时的情况与1941年苏德战争前的政治氛围相比较，认为美苏现在就处在战争的边缘。[7]

与此同时，克格勃在伦敦的情报站收到了莫斯科方面发来的一系列紧急指示，要求他们尽力保护当地的苏联资产和公民免遭可能的袭击，并要求搜集美国秘密介入此事件的一切情报，利用媒体揭露美国的责任。类似的指示不仅发给了伦敦，也发给了克格勃驻世界各地尤其是西方国家的秘密情报站。不过，伦敦站的工作尤为出色，因其成功反制针对韩国客机事件开展的反苏活动而受到表扬。[8]

这或许应该归功于伦敦情报站的负责人之一：奥列格·安东耶维奇·戈尔季耶夫斯基（Oleg Antonovich Gordievsky），一位已经为克格勃工作20年的"老兵"，在伦敦站负责政治情报。他来自一个有克格勃传统的家庭：父亲曾是一位内务人民委员部军官。1982年6月，他被派往伦敦并取得了出色的工作业绩，大韩航空007号被击落事件后的表现更是可圈可点。

然而，戈尔季耶夫斯基的真实身份早已被军情六处查知。其实，他在军情六处最高机密的文件中甚至有一个专属代号——"诺克顿"（NOCTON），因为戈尔季耶夫斯基是潜伏在克格勃内部的英国情报部门的卧底。

戈尔季耶夫斯基的变节经历与金·菲尔比极为相似，是基于意识形态的理由且持续了很长的时间，但路径截然相反。值得一提的是，戈尔季耶夫斯基确实认识金·菲尔比。在他刚进入克格勃时，就曾上过金·菲尔比的专业课。到了莫斯科后，菲尔比虽然被视为"传奇人物"，却没有机会真正担负重任，更多是在苏联和华沙条约组织（以下简称"华约"）的各个情报机关宣讲自己的卧底经历与见闻，包括给新人上课。1979年，已经为军情六处工作的戈尔季耶夫斯基在结束外派工作回莫斯科时，曾带回一本讲述菲尔比间谍生涯的书，并找菲尔比本人签名留念。[9]

菲尔比在扉页上为戈尔季耶夫斯基写了这么一句话：

献给我的朋友奥列格——不要相信任何写在纸上的东西！

——金·菲尔比

14. 瑞安行动

当安德罗波夫还是克格勃主席时,他确实认为里根政府正积极备战,国防部长乌斯季诺夫持同他一样的看法。他们说服政治局批准在苏联历史上和平时期最大的军事谍战计划,这就是众所周知的"赖恩作战计划"①,它取自俄语"核导弹进攻"词组每个单词的第一个字母缩写。1983年,所有克格勃驻外人员都接到了紧急和详尽的指示去收集美国进行第一次打击计划的证据……

苏联政治领导人和最高军事司令部感到他们没有任何选择,只能认真对付爆发核战争的可能性,因为他们肯定,如果苏美之间发生一场严重军事冲突的话,那么这将不可避免地导致使用核武器。[10]

——阿纳托利·多勃雷宁《信赖:多勃雷宁回忆录》

自卡特上台后,克里姆林宫就已对白宫的外交政策持悲观态度。1980年,卡特签署第59号总统行政令,认可了美国军方提交的新战略,即可以在第一次核打击中对苏联领导层实施"斩首袭击"。这

---

① 即本书中的瑞安行动。——编者注

个所谓新战略事后被有意地泄露给媒体。用当时白宫一位高官的话来说,就是"开始让大家知道,我们的优先事项之一就是瞄准苏联领导层——我们知道他们的掩体在哪儿,也有武器可以摧毁这些问题"[11]。对于类似的言论,葛罗米柯就认为卡特"很难把握苏美关系哪怕是最基本的特征"[12]。至于里根,在克里姆林宫看来,他所提出的星球大战计划等于是在彻底否定"相互确保摧毁"的核平衡。里根确实拒绝接受"相互确保摧毁"的核战略理念,认为这就如同西部片里两个枪手拿枪顶着对方的脑袋且如此僵持下去,不仅愚蠢且毫无意义。[13]对此,安德罗波夫则非常敏感地指出:"华盛顿政府正在企图把整个国际关系的发展推到一条危险的道路上,从而加剧了战争的危险。"[14]而更让苏联领导层忧心的是,美国是否真的取得了某种弹道和反弹道领域的科技突破。苏联驻美大使多勃雷宁就曾回忆:苏联的领导人"深信,美国的巨大技术潜力再次占了上风,并把里根的讲话看成一个真正的威胁"[15]。所以,当时克里姆林宫的这种认知并非一朝一夕的产物,而是有着长久的酝酿过程。此外,当时苏联核预警系统存在的技术缺陷,也加剧了克里姆林宫方面的忧虑。

早在1979年,苏联时任国防部长乌斯季诺夫在内部会议上就承认苏联军方无法侦测"潘兴2"导弹的发射。如果美国发射洲际导弹,那么苏联只有13分钟左右的预警时间。换言之,苏联的最高领导层可能没有足够的时间转移或下达后续的命令。如果美国根据计划于1983年在西欧部署"潘兴2"导弹,那么这个预警时间就会更短。1981年5月,安德罗波夫、乌斯季诺夫,以及外交部长葛罗米柯在给苏共中央的联名备忘录中,对里根政府做出了非常悲观的评估,指出美苏关系前景严峻,并对可能发生的武装冲突乃至全面战争提出了警告。民主德国斯塔西侦察总局局长马库斯·沃尔夫（Markus Wolf）对此曾回忆道：

> 安德罗波夫认为，美国人正竭力想占有对苏联的核优势。他提到卡特总统、他的顾问布热津斯基以及五角大楼人士曾声称，在某些情况下可以对苏联发动第一次核打击。[16]

为了应对这个局面，以克格勃为首的苏联情报部门组织实施了一次大规模、长时间的秘密侦察与情报搜集行动，即瑞安行动。1981年5月底，克格勃召开了一次所有高级干部与会的重要会议，勃列日涅夫也抱病参加，可见其规格之高。在这次会议上，安德罗波夫代表

马库斯·沃尔夫（1923—2006）
资料来源：https://en.wikipedia.org/wiki/File:Bundesarchiv_Bild_183-1989-1208-420,_Markus_Wolf.jpg

沃尔夫曾任民主德国斯塔西侦察总局局长，父亲是德国共产党员。二战结束后，他返回民主德国参与创建斯塔西。他在对联邦德国乃至整个西方阵营的情报斗争中，战功彪炳，被认为是冷战期间东西方阵营中最有影响力的情报首脑之一。沃尔夫所控制的间谍网络遍布联邦德国的社会各界，直接策划、指挥的间谍君特·纪尧姆（Günter Guillaume）曾是联邦德国总理维利·勃兰特（Willy Brandt）的私人政治助理。此事件东窗事发，直接导致勃兰特下台。两德统一后，沃尔夫被判处6年监禁，后被德国联邦最高法院撤销。冷战时代，他在西方被称为"无脸人"。

克格勃正式提出了瑞安行动的构想：建立一个覆盖全球的情报预警网络，监测主要西方国家的决策和军事准备，随时提防任何针对苏联的突然袭击（尤其是核打击）。

> 我们如今必须思考，如何在新的、更加复杂的任务中，提升我们情报部门的效率。我们的目标是不要错失敌人的军事准备和我们最险恶的敌人发动核打击的准备，不要轻视战争爆发的现实危险。[17]

在安德罗波夫看来，瑞安行动的最大目标是在美国有可能取得技术优势的情况下，提前侦测到对方的进攻意图，消除未来冲突中的突然性。而他为瑞安行动定下的工作方式则可以用事无巨细和见微知著来形容，要求遍布世界各地的情报网搜集各个领域的信息，且不局限于政治、军事领域，例如民生物资的价格波动、参与捐血人数的多寡等看似与军事行动没有直接关联的信息。因为在克格勃分析人员的眼中，这类变化都可以被视为一种对方正在加紧备战的蛛丝马迹，有必要纳入考察范围。时任克格勃对外情报局局长、之后担任过克格勃主席的克留奇科夫曾这样描述瑞安行动的必要性："目前的战略核武器可以在不到24小时内投入使用。有鉴于此，这事关决策阶段的效率，也事关建立一个情报侦测系统，阻止对手突袭。"[18]

为了实现这个空前宏伟的情报作战计划，不仅要动员苏联所有的情报力量，还要求华约各国的情报力量也都参与其中。在民主德国，斯塔西内部为此"专门抽调一批人，成立了一个特别形势分析中心和紧急指挥中心。在这些地方工作的人员必须受过军事训练并参加受到假想袭击的演习"[19]。而斯塔西安插在北约内部的卧底之后曾在东西方阵营几乎擦枪走火之时悄悄发挥了意想不到的作用。

随着里根政府咄咄逼人的战略压迫，瑞安行动在1983年迎来了高潮。2月17日，克格勃总部给驻西欧的各个秘密情报站发去了一份《关于获取北约对苏联发动核打击准备情况的长期行动指示》，要求他们重点搜集有关北约发动核战争的行动计划，并观察记录一切可疑迹象，诸如相关政府部门早晚停车情况的变化，是否突然出现大量加班情况，等等。其中，伦敦情报站尤其重要，是卢比扬卡（苏联国家安全机关所在地）所关注的重点。自1982年被调到伦敦后，戈尔季耶夫斯基就不断地收到与瑞安行动相关的各种指令。他对莫斯科方面如此固执地认为一场核战争已迫在眉睫而感到不可思议，视之为"另一项毫无意义、因消息闭塞而起的形象工程"[20]。

其实，在苏联和华约情报系统内部，持类似观点者并不在少数，例如斯塔西侦察总局局长马库斯·沃尔夫便认为莫斯科的指令不可理喻："我和大多数有头脑的人一样，觉得这种战争游戏实在是浪费时间。可上面的命令一向不容置疑，这一次也不例外。我不再相信欧洲会爆发核战争。"[21]而如多勃雷宁这样的外交官同样觉得美国主动发起对苏联核攻击是不可能的，"因为我们了解美国现存的政治和社会结构是防止对我们实施无缘无故的第一次打击的最佳保证……我个人从不认为任何一个美国总统会制订对苏联发动核进攻的计划。这一信念随着我多年来在华盛顿的居住而植入我心中"[22]。

不难发现，凡是在第一线工作的人，无论是情报官员还是外交官，往往都会对瑞安行动的预设前提——"西方正计划对苏联发动核袭击"，持怀疑态度。但讽刺的是，随着瑞安行动的开展，各种"先奥列格·安东耶维奇·戈尔季耶夫斯基毕业于著名的莫斯科国家关系学院，起初在外交部任职，并被派往东柏林工作。1963年，正式加入克格勃。之后，他以外交官身份常驻丹麦。1968年目睹苏联出兵捷克斯洛伐克事件后，他的个人思想发生转变，开始主动联系丹麦和英国情报机构。1974年起正式为军情六处工作，成为潜伏在克格勃内部的"鼹鼠"。1978年，他被调回国后，一度与军情六处失去联系。1982年6月，他被派往伦敦，不久就成为克格勃在当地情报站的主要负责人。1985年4月，他晋升为伦敦情报站站长。自1974年起，军情六处便视戈尔季耶夫斯基为最重要的间谍，从他那儿获得了大量涉及苏联最高层的宝

奥列格·安东耶维奇·戈尔季耶夫斯基（1938— ）
资料来源：https://en.wikipedia.org/wiki/File:Oleg_Gordievsky_in_2007.jpg

贵情报。但就在被提拔为伦敦情报站站长后不久，戈尔季耶夫斯基被召回莫斯科接受调查和审讯，克格勃方面通过其安插在美国中情局的卧底查知他可能是"鼹鼠"的线索。1985年7月，军情六处助其从苏联脱逃至英国。之后，苏联对其进行缺席审判，以叛国罪判处其死刑，而他在英国、美国则备受礼遇，先后受到撒切尔夫人、里根总统的公开接见，并于2007年被伊丽莎白二世授予圣米迦勒及圣乔治三等勋章。2007年，戈尔季耶夫斯基曾突发急病（疑似铊中毒）被迫住院两周。戈尔季耶夫斯基认为自己是被俄罗斯方面派出的特工下毒所害。

射箭再画靶"式的情报信息被源源不断地送往莫斯科，进一步加剧了安德罗波夫本人以及克里姆林宫关于核袭击的战争恐慌。而对莫斯科紧张氛围一无所知的里根政府，却还在得意扬扬地推行其极限施压的政策。

在从戈尔季耶夫斯基那儿得知瑞安行动的种种细节后，军情六

处起初同样非常困惑,其至将此视为克格勃无能的又一佐证。然而,随着1983年美苏之间紧张气氛的不断加剧,以及一系列突发事件,英国人不得不开始重视戈尔季耶夫斯基所透露的瑞安行动情报,尤其是苏联方面真切的政策焦虑。与之相对,美国愈加强硬的姿态恰好为苏联的核战争恐慌提供了佐证。面对苏联方面的警告,里根政府的决策层却完全没有将其当回事,认为这不过是冷战时代讹诈与反讹诈的宣传攻势而已。而英国政府因为有了戈尔季耶夫斯基这名卧底,才了解到克里姆林宫的核战争恐慌是真实存在的。

在1983年这个时间点上,美苏之间的冷战面临着失控的可能性。

1983年10月20日,乌斯季诺夫在华约国防部长特别会议上公开警告:在东西对峙局势极度紧张的背景下,不可预测的危险事件发生的可能性也在增加;如果美国及其阵营持续对苏联采取强硬政策,那么世界就会越来越快地被推向危险,其最终可能会导致一场核浩劫。

实际上,乌斯季诺夫的警告是有所指的,那便是北约当时正在大张旗鼓进行的大规模军事演习。

自8月开始,北约便开始了一场大规模的军事演习——"秋季熔炉83"(Autumn Forge 83)。这场演习几乎跨越了所有北约国家,设想了华约部队突然开始进攻的情景,旨在测试与演练北约各国部队的指挥、通信和情报系统的运作效率。演习长达四个月之久,除了动员北约各国超过4万名官兵,美军还从本土调来超过1.5万人参与。整个"秋季熔炉83"由一系列分演习组成,例如"回师"(Reforger)、"冷火"(Cold Fire)、"加饰帽"(Crested Cap)、"决心展示"(Display Determination)等。这些分演习各有侧重,有的模拟如何抵御一场苏军入侵中欧、西欧的常规战争，有的则是为了检验"空地一体战理论"。伴随着一系列演习的开展，克格勃在8月又向驻西欧及驻美国的情报站发布了新一轮指令，要求确认北约各国情报机构是否已参与所谓核袭击的准备工作，尤其是关注针对华约成员国的情报侦察、渗透工作。同时，军事情报部门格鲁乌也发布了类似的命令。

而在北约的一系列分演习中，最让苏联人紧张，事后看来也最危险的一场军事演习是"优秀射手83"（Able Archer 83），因为这是一场模拟生化武器作战及核战争的军事演习。

15. "优秀射手83"军事演习

1983年10月25日,正在北约演习如火如荼之时,美军在地球另一端发动了一场真刀真枪的军事入侵:超过7 000名美军对加勒比岛国格林纳达进行武装干预,理由是该国的军人集团在不久前通过政变方式推翻了莫里斯·毕晓普(Maurice Bishop)领导的政府。[①]在以安德罗波夫为首的苏联领导人眼中,这一突发事件似乎再一次验证了里根政府咄咄逼人、富有侵略性的对外政策。而就在入侵行动的两天前,美军在黎巴嫩的维和部队军营遭到恐怖分子的汽车炸弹袭击,造成多达241名美国海军陆战队队员死亡。[②]1983年10月23日也成为二战后美军单日伤亡最大的一天。该事件发生后,美军提高了包括欧洲在内的各大海外基地的警戒等级,这在苏联人眼里则又成了局势紧张、山雨欲来的"有力证据"。而这两起突发事件为即将到来的"优秀射手83"军事演习添加了更多的紧张气氛。

根据安排,"优秀射手83"军事演习将是整个"秋季熔炉 83"

---

① 1983年10月25日,美国与6个加勒比国家的联军入侵了位于委内瑞拉以北160千米的格林纳达。美军将此次行动命名为"暴怒行动"。这次入侵的背景是格林纳达内部爆发政治冲突,入侵的联军推翻了政变上台的军政府。次年,格林纳达进行了新一届政府选举。
② 1983年10月23日早晨,两辆载有烈性炸药的卡车袭击了黎巴嫩贝鲁特的美国和法国驻黎巴嫩多国维和部队的驻地。这次袭击造成307人死亡,其中包括241名美国军事人员和58名法国军事人员,以及6名平民和2名袭击者。袭击的真凶目前仍未有定论。

系列演习的"收官作",被定位为欧洲盟军最高司令部①的年度演习,目的是演练司令部的指挥、通信、控制和情报系统的运作。与之前的演习预设不同,"优秀射手83"军事演习的假想背景是:1983年春,部分东欧国家因经济问题而爆发内乱,苏军在进行武装干涉的过程中与北约发生摩擦。10月底,苏军开始入侵南斯拉夫与芬兰。11月4日,苏军的攻势开始扩大,相继对挪威、联邦德国及希腊发动进攻。为了抵御苏军的猛烈攻势,欧洲盟军最高司令部于11月5日批准使用化学武器,借此来迟滞苏军的攻势。11月6日,苏军也开始使用化学武器进行报复。

而11月7日正是"优秀射手83"军事演习设定的开始时间。

根据演习剧本,鉴于苏军也使用了化学武器且其攻势并未停止,欧洲盟军最高司令在演习开始后请求北约当局授权其使用核武器。根据演习安排,当晚战场局势进一步恶化,苏军投入战场的化学武器越来越多。针对这种情况,欧洲盟军最高司令在8日再次要求对华约成员国的卫星城市中的几个固定目标实施核打击。当晚,他的请求被北约当局批准。11月9日上午,北约对苏联及其他华约成员国发动了首轮核袭击。但是苏军的攻势仍未停止,因此欧洲盟军最高司令继续要求批准使用核武器。11月10日下午,新的请求也被批准,北约于11日上午再度实施新一轮核打击,而"优秀射手83"军事演习则预定在这天中午宣告结束。

其实,"优秀射手"系统军事演习不是第一次举行,这是一个定

---

① 2003年前,欧洲盟军最高司令部是北约欧洲盟军司令部的总部,2003年后欧洲盟军司令部和大西洋盟军司令部合并成为盟军作战司令部,欧洲盟军最高司令部仍以总部的身份,负责统一指挥北约的军事行动。

期举行的固定军演项目,但1983年的这一次确实有很多不同寻常之处。首先,"优秀射手83"军事演习相较过往更接近实战,例如在此次演习中会演练化学武器、核武器的发射程序,借此检验总司令部与战区、部门之间的通信联系是否通畅。其次,在整个"优秀射手83"军事演习期间,北约各国的部队都会处于全面战备的临战状态,而过往演习时仅保持正常战备状态。再次,也是最容易被苏联情报部门所捕捉的"异状"是,"优秀射手83"军事演习虽以司令部演习(不是实兵演习)为主,但出于增强真实感的考虑,还是进行了一部分实兵操演(例如各司令部参演人员仍会穿戴头盔、防毒面具乃至全套生化防护服)。看着一群全副武装的美军出入各个司令部,受命为瑞安行动搜集一切蛛丝马迹、潜伏在各地的苏联情报人员自然会将之视为一个重要的信号报告给莫斯科。

克留奇科夫曾回忆称,他当时收到了一份来自民主德国斯塔西的报告。报告中称即将开始的"优秀射手83"军事演习可能会被用于掩盖即将挑起的军事冲突。克留奇科夫将这一情况通报给苏共中央,并给驻西欧的克格勃情报站发出紧急命令,要求其留意相关的一切线索。此外,格鲁乌同样注意到"优秀射手83"军事演习非同寻常的危险味道,特别指出美国战略核力量也将参加,并持续向苏联战略火箭军通报该情况。[23] 从10月下旬起,苏军确实采取了一系列预防性措施。11月2日,苏军总参谋部命令苏联的战略导弹部队秘密提高战备等级,50%的SS-20导弹被部署到野外,用以防备敌人的突然袭击,保存核反击能力。根据苏联战略火箭军中将维克多·叶辛(Viktor Yesin)的回忆,在"优秀射手83"军事演习期间,战略火箭军的核打击力量一直处于战备警戒状态。尽管他本人并不认为北约真的会动手，但作为高级军官可以感受那种非比寻常的紧张气氛，且每隔6—8小时就会收到关于演习情况的最新情报通报。[24]

苏联北方舰队的战略核潜艇被疏散到北冰洋的冰层之下，以躲避北约的侦察机和卫星，为可能发生的核袭击做好准备。驻扎在中欧、东欧的战略轰炸机部队也被要求做好装载核武器出击的准备。苏联空军在11月4—10日，几乎中止了除侦察外的所有飞行任务，以保证战争爆发时能有更多战机在第一时间投入作战。许多轰炸机部队确实进入了战备状态，各机装满燃料和弹药，机组成员进入15分钟的待机状态。"苏联驻民主德国和捷克斯洛伐克的数支战斗机中队甚至进入了高度战备的'待发状态'（Strip Alert），一些米格-23和苏-24战斗机开启引擎并停靠在了飞行跑道的末端，飞行员一接到命令即可起飞。"[25]

演习开始前，克留奇科夫给克格勃驻外情报站下达新的指令，称"爆发核战争的威胁已经到了极度危险的时刻"，因此及时预警对苏联发动的突然性核打击"变得更加紧急和迫切"。11月5日，克格勃的伦敦情报站收到一份莫斯科的电报，警告称西方从决定到实施核打击大概只需要7—10天，要求当地情报站进行紧急侦察，查证所谓的备战迹象，例如唐宁街10号出入状况是否突然发生变化，各地英军战备是否突然升级，是否会限制苏联及东欧国家使馆人员外出，英国政府、企业界是否有进行疏散的迹象，等等。在"优秀射手83"军事演习正式开始后，伦敦情报站又收到一份总部的电报称：北约各大基地正处于战备状态，"这是在'优秀射手83'军事演习的掩护下，对首次核打击进行最后准备"[26]。意识到事态严重性的戈尔季耶夫斯基将这份报告的内容泄露给军情六处。这也是西方阵营第一次意识到"苏联人正以一种极不寻常和非常恐慌的方式对待这次演习"。[27] 当然，此时叫停演习已经来不及了，况且军情六处并不晓得美国人是否也会相信戈尔季耶夫斯基情报的可靠性。

"优秀射手83"军事演习期间，苏联所有在欧洲的监听站都开足马力，全力监听演习的一举一动。11月9日，演习项目开始由常规战争向核战争转换。显而易见，这自然是苏联方面最紧张的时刻。而更让他们不安的是，苏联监听站发现北约方面突然更换了过去"优秀射手"系列军事演习中常使用的通信编码，采用了一套新的编码来传送发动核打击的演习指令。苏联监听人员担心，这可能意味着"优秀射手83"军事演习已开始向实战转换。用时任国防部长乌斯季诺夫的话来说就是："近些年来，美国和北约举行的军演的危险性值得引起我们注意。它们的规模非常巨大，且越来越难判断它们究竟是真的军演，还是为发动一场侵略战争做战前部署。"[28]

然而，这个前所未有的紧张时刻终究没有演变为真枪实弹的冲突，高度戒备的苏联也没做出进一步的反应。随着11月11日，"优秀射手83"军事演习按照预定计划结束，苏联方面也很快解除了战备状态。这场军事演习以有惊无险的方式落下帷幕，但英国情报部门对此心有余悸，甚至认为"优秀射手83"军事演习让世界面临"自1962年古巴导弹危机以来最危险的时刻"。而从某种程度上来说，1983年前后美苏之间的危机甚至比当年的古巴导弹危机更危险。时任美国中情局局长、之后担任过美国国防部长的罗伯特·盖茨（Robert Gates）在回忆录中将这段时间称为"冷战中潜在的最危险时刻之一"，因为当时美国"可能已经处在核战争的边缘，却对此浑然不觉"。[29]

尽管水面下暗流汹涌，但"优秀射手83"军事演习前后的紧张对峙由于演习的落幕并没有引发公众的关注。然而，但凡接触过戈尔季耶夫斯基所传情报的英国官员都有一种后怕的感觉，认为自己惊险地躲过了一场可能的浩劫。英国联合情报委员会在一份报告中指出："我们不能低估这一可能性，即至少一些苏联官员可能误读了'优秀射手83'军事演习……认为它构成了一种真实的威胁。"英国首相撒切尔夫人同样对此深感忧虑，担心苏联的恐惧和里根政府的强硬姿态会引发不必要的核冲突。她认为，之所以出现这种危险状况，美国同样负有责任，但没有充分意识到其危险性。有鉴于此，撒切尔夫人决定"采取措施消除苏联方面因误判西方意图而过度反应的风险"，应该"立刻让美国人知道，苏联对北约存在误判，担心北约可能发动突然袭击"。于是，英国外交部与军情六处开始将大量的戈尔季耶夫斯基提供的情报与美方分享。在收到军情六处传递来的情报后，中情局每周都会将戈尔季耶夫斯基的情报制作成供里根参考的简报。在获悉这方面的情报后，里根曾表示："我不明白他们为什么会这么想，但我们对此必须予以重视。"[30]此外，里根同样也对美国内部的好战分子有所警惕，当他读到美国军方提交的核战争计划后，曾埋怨道："五角大楼仍有某些人宣称核战争'可以打赢'，我想他们疯了。更糟的是，看来也有苏联将军们按照打赢一场核战去想事情。"[31]

对里根而言，"优秀射手83"军事演习似乎成了他思想改变的一个转折点，正如他在回忆录中说的那样，他惊讶地得知"许多苏联官员不仅害怕作为对手的我们，而且害怕我们会是潜在的侵略者，可能会在第一次打击中向他们投掷核导弹"[32]。在戈尔季耶夫斯基的情报证实了1983年的危机距离战争有多近之后，里根决心采取新的对苏方针。[33] 1983年年底，他授意成立了一个苏联问题小组，旨在寻找缓解苏联方面核战争焦虑的方法。由此，1983年也成为里根政府对苏政策的一个转折点，即从咄咄逼人的极限施压转向合作与遏制并重的灵活策略。[34]

在1983年危机的个案中，戈尔季耶夫斯基向西方阵营传递的情报切实地影响了英国、美国的相关政策。对情报人员来说，这或许是一种最高程度的价值体现。乔治·布莱克曾将情报人员比喻为"轮船上的锅炉工"："当船长肯定比在船舱里铲煤的锅炉工要好得多，但船要能航行，两者缺一不可。而情报人员就是锅炉工。"他们铲入锅炉的煤炭正是通过各种渠道获得的情报。这些情报可能是来自监听截获的通信内容，也可能是从某间办公室保险箱里盗出的文件，抑或是在某场社交派对上听到的只言片语。如何评判这些情报的可靠性，如何对其进行解读，如何利用其来指导政策，往往是超出情报人员控制的。

从苏联的角度看，瑞安行动或许确实是一场自我预言式的官僚闹剧，但也可能在客观上为避免美苏双方失控做了一些贡献。实际上，除了戈尔季耶夫斯基，另一位为瑞安行动服务的民主德国间谍可能也为避免擦枪走火做出了自己的贡献。当时，斯塔西有一名代号"黄宝石"（TOPAZ）的间谍雷纳·鲁普（Rainer Rupp）正潜伏在北约总部，曾在演习期间传递情报称：北约没有准备对苏联发动突然袭击，只是在进行演习。斯塔西在第一时间将这个情报报告给了克格勃。这有可能是苏联方面最终没有做出过激反应的因素之一。

> 雷纳·鲁普代号"黄宝石",出生在联邦德国,却因为强烈的左翼倾向而选择为民主德国效力并接受斯塔西的培训。1977年,他进入北约布鲁塞尔总部工作,成为斯塔西在北约机构内部最重要的间谍之一。在北约总部工作期间,他至少向斯塔西提供了超过1万页的机密档案。民主德国和联邦德国统一后,其身份被曝光,于1994年被判处12年有期徒刑。2000年他提前获释,后一度加入德国民主社会主义党。

至于戈尔季耶夫斯基,在1983年危机后仍继续为军情六处传递信息,甚至还提供政策建议。1984年2月,重病已久的安德罗波夫逝世,英国首相撒切尔夫人赴莫斯科参加其葬礼。临行前,军情六处的联络人曾向戈尔季耶夫斯基征求意见:为了缓和东西方的紧张关系,面对苏联领导人时应采取何种态度为宜。不久后,戈尔季耶夫斯基得到晋升,1985年,他终于成为克格勃伦敦情报站的负责人。然而,就在他成为站长后不久,他的真实身份却被一名深藏在美国中情局内部的克格勃间谍查知,进而引起苏联的怀疑,将他调回国内接受调查。1985年7月,军情六处费尽心机组织了一场跨国营救行动,将戈尔季耶夫斯基从苏联带回英国。脱离险境的戈尔季耶夫斯基与军情六处自然又开始对内部进行新一轮的排查,希望彻底抓出那些仍在潜伏的"鼹鼠"。

对于历史上的谜团,英国政府内部同样希望能从戈尔季耶夫斯基处得到答案,例如:代号"埃利"的"鼹鼠"究竟是谁?

FRIEND OR FOE

六

究竟是谁

为什么他们认为是罗杰·霍利斯呢？完全是胡说八道，不可理喻，这肯定是英国人特意针对我们搞的伎俩。[1]

——戈尔季耶夫斯基

尽管总的来说，我不赞成对自己的祖国进行间谍活动。[2]

——梅丽塔·诺伍德（Melita Norwood）

要么是军情五处愚蠢至极，从未将我与克劳斯联系起来；要么可能是他们故意放我走的……[3]

——乌尔苏拉·库琴斯基

16. 官僚们的辩护

"那么'误导性印象'和'谎言'有什么区别吗?"

"'谎言'是彻头彻尾的不实之词。"

"那'误导性印象'是什么?一种被扭曲的谎言吗?"

"正如有人所说,或许是对事实的'经济化处理'。"[4]

这段绕口令式的对话并非出自某喜剧,而是来自一场真实的法庭辩论。对话的双方分别是坚持"误导性印象"并非"谎言"的英国内阁秘书、首相撒切尔夫人的左右手——罗伯特·阿姆斯特朗爵士,以及年仅32岁的律师马尔科姆·特恩布尔;时间、地点是:1986年11月28日,澳大利亚新南威尔士州最高法院。贵为英国文官之首的内阁秘书之所以要到澳大利亚的当地法院打官司,正是因为当时在英国国内已经酿成舆论风波的《抓间谍的人》事件。

在军情五处前情报官员彼得·赖特出版回忆录《抓间谍的人》前,英国政府除了想方设法在国内禁售,也希望能在彼得·赖特当时的养老地澳大利亚禁售此书。根据近些年解密的档案文件显示,尽管当时澳大利亚政府认为《抓间谍的人》一书对澳大利亚的国家安全不构成任何直接威胁,但还是决定支持英国的禁售要求,理由是"间接影响可能是巨大且具有破坏性的",此外也担心这会成为一个不好的先例——"可能鼓励其他心怀不满的澳大利亚情报官员为报复或牟利而公开披露澳大利亚机密情报"[5]。因此彼得·赖特跟英国政府、澳大利亚政府对簿公堂。而罗伯特·阿姆斯特朗爵士作为英国政府的代表及证人，千里迢迢地参与法庭审理。

在法庭上，彼得·赖特的代理律师马尔科姆·特恩布尔选择了一个非常巧妙的角度来对撒切尔夫人政府进行攻击。他与彼得·赖特从调查记者查普曼·平彻那儿听到一个有趣的故事。1980年（平彻出版《他们的工作即背叛》的前一年），英国政府的某位高官曾与他秘密接触过，而这位高官正是罗伯特·阿姆斯特朗爵士。在得知平彻将于这本即将出版的新书中公开怀疑罗杰·霍利斯是苏联间谍后，作为内阁秘书的阿姆斯特朗爵士向撒切尔夫人提出一个建议：可以"破例"向平彻透露一些有关霍利斯的内部调查情况，以换取对方能

玛格丽特·撒切尔（1925—2013）
资料来源：https://en.wikipedia.org/wiki/File:Margaret_Thatcher_stock_portrait_(cropped).jpg

撒切尔夫人是英国第一任女性首相，1979—1990年在任。她早年曾在牛津大学萨默维尔学院进修化学，后转去伦敦大学学习法律并成为一名大律师。1959年，她首次当选下议员，1970年首次入阁，出任教育和科学大臣。1979年上台后，她对内坚持推行新自由主义的经济政策，对外打赢对阿根廷的马尔维纳斯群岛战争，她也是美国时任总统里根最紧密的盟友。在她任首相之初，就发生了布伦特间谍身份被曝光的事件，导致她本人对间谍曝光或内部人士爆料等行为深恶痛绝，继而引发了一系列围绕《抓间谍的人》事件而起的舆论风波。

"友善地呈现"相关内容。换言之，可以私下告诉这位调查记者，英国政府和情报机构确实对霍利斯先后进行过长达10年的内部调查。当时白厅官僚们的逻辑是：既然已进行过如此长时间的内部调查，那么只要英国政府不宣布霍利斯有问题，问题也就不存在。不过，查普曼·平彻并没有领情，依旧在自己的新书里对霍利斯和英国政府进行了言辞激烈的指控。

得知此事的特恩布尔马上就意识到这是可以利用的"诉讼炮弹"。这明显是一个类似"只许州官放火，不许百姓点灯"的状况：长期负责对霍利斯进行秘密调查的正是彼得·赖特，既然早在1980年撒切尔夫人政府就曾"破例"向外界泄露过相关信息，那么如今指控彼得·赖特违反相关保密规定，在《抓间谍的人》一书中泄露相

罗伯特·阿姆斯特朗（1927—2020）
资料来源：https://en.wikipedia.org/wiki/File:Official_portrait_of_Lord_Armstrong_of_Ilminster_crop_2.jpg

阿姆斯特朗是伊顿、牛津出身的英国精英，先后担任过爱德华·希思（Edward Heath）和哈罗德·威尔逊两位首相的首席私人秘书。1978年受封爵士。1979—1987年，他担任撒切尔夫人政府的内阁秘书。1986年作为英国政府的证人，参与与《抓间谍的人》事件相关的一系列法庭审议。他在法庭上的"名言"是："对事实的'经济化处理'"（economical with the truth），这很快就成了流行语，之后甚至被收入《牛津简明引用语词典》。特恩布尔称他活脱脱就是电视剧《是，大臣》（Yes, Minster）中的"阿普比爵士"，并刻薄地挪揄："如果说他是一个诚实的人，他看起来更像是一个受过良好教育的蘑菇。"

马尔科姆·特恩布尔（1954— ）
资料来源：https://en.wikipedia.org/wiki/File:Malcolm_Turnbull_PEO_(cropped).jpg

特恩布尔出身于一个富裕的澳大利亚商人家庭。他先后毕业于悉尼大学和牛津大学，曾在《星期日泰晤士报》工作。1983年返回澳大利亚，成为一名大律师，之后因成为彼得·赖特的代理律师并赢得官司而声名大噪。成名后，他开始涉足传媒、金融投资领域，被认为是澳大利亚最富有的政治家之一。2000年后他开始以自由党党员的身份进军政坛，2004年当选澳大利亚众议员，2007年成为霍华德内阁的环境与水资源部长，之后，还曾出任通信部长。2015年他成为澳大利亚第29任总理，2018年辞去总理职务。

关机密信息的合理性、合法性自然就荡然无存了。根据英国国家档案馆2023年解密的档案：1980年6月10日，撒切尔夫人曾批准向查普曼·平彻透露有关"霍利斯曾遭内部调查"的情况。[6]另外，阿姆斯特朗也承认即便英国政府赢了官司，《抓间谍的人》中有关霍利斯的很多内容也已经在市面上广泛流传和被引用了。[7]

这一系列新近解密的档案证实阿姆斯特朗确实在澳大利亚的法庭上撒了谎，以掩盖撒切尔夫人批准的"泄密计划"。在1986年法庭审理期间，特恩布尔曾要求英国政府提供包括这次解密内容在内的档案文献，但遭到拒绝。因此，特恩布尔在庭审中反复向阿姆斯特朗爵士询问：英国政府是否曾向查普曼·平彻透露过相关信息？于是，也就有了之前那段"'误导性印象'并非'谎言'"的对话。

最终，法庭裁定：由于英国政府之前并未采取任何行动制止与

《抓间谍的人》内容相似的其他书籍出版,那么就等于"事实上放弃了对相关信息的保密权利",因此无权要求澳大利亚政府禁售《抓间谍的人》一书。之后此案曾上诉至澳大利亚最高法院,但英国政府的要求再次被驳回。事后,特恩布尔嘲笑罗伯特·阿姆斯特朗爵士"跟《是,大臣》里的阿普比爵士一模一样"。撒切尔夫人政府因此也被搞得灰头土脸,颇为难堪。阿姆斯特朗爵士返回英国时被上百名记者堵在希思罗机场,面对幸灾乐祸的记者们,他竟然用公文包猛烈攻击摄影师,并把其中一人推到墙上。不过,撒切尔夫人倒是不顾当时舆论的风潮,仍对阿姆斯特朗爵士表示了肯定,认为他"做得很好"[8]。

随着司法诉讼的失利,英国政府已经彻底失去了对《抓间谍的人》出版、发行的控制,甚至客观上助推了其在全球热卖。而"霍利斯爵士究竟是不是苏联间谍""军情五处、军情六处长期存在的弊端""英国政府在国家安全领域的不透明作风"等话题也在持续发酵。值得注意的是,当时撒切尔夫人政府对彼得·赖特回忆录的反应会如此激烈,很大程度也与英国政府的官僚体系传统有着极为密切的关系。

尽管在形式上维系着议会代议制与选举,但英国政治的传统底色依旧是精英政治。议员需要向选民负责,而实际维系国家运作的官僚们则没有这个义务。他们的建议、讨论及决策都是在远离公众的白厅与威斯敏斯特宫做出的。这种体系不仅仅适用于官僚机构,同样也适用于军情五处、军情六处这样的情报与安全机构。实际上,直到20世纪80年代,英国政府还不愿公开承认军情六处的存在,同时连军情五处负责人的姓名也是不对外公开的,将之视为"公开却不能说的秘密"。这种传统却在《抓间谍的人》事件中遭遇了滑铁卢,反

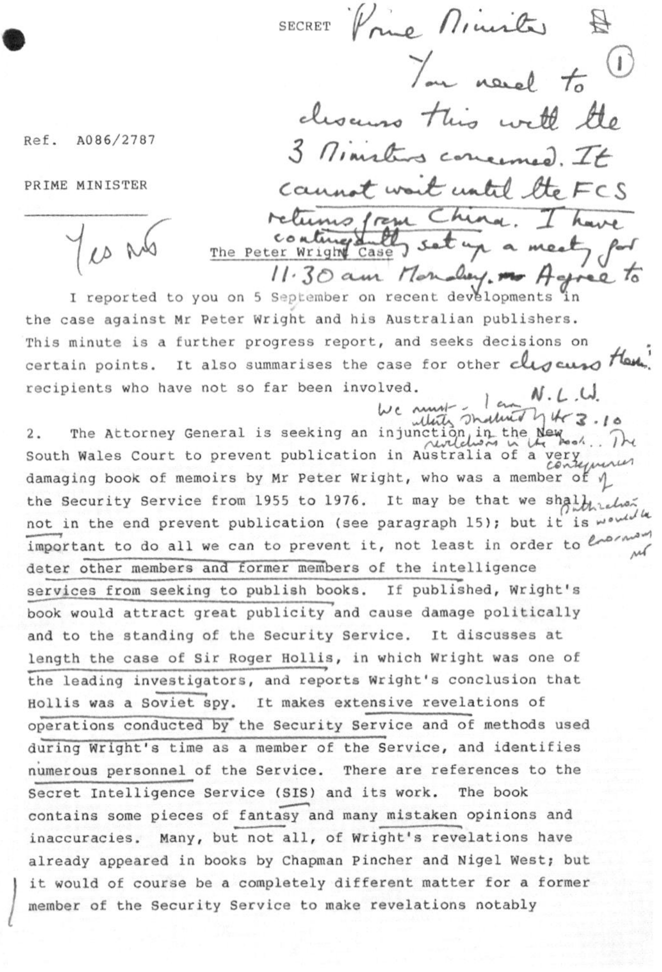

SECRET

Ref. A086/2787

PRIME MINISTER

The Peter Wright Case

[Handwritten annotation:]
Prime Minister
You need to discuss this with the 3 Ministers concerned. It cannot wait until the FCS returns from China. I have continued to set up a meeting for 11.30 am Monday. Agree to
Yes No

I reported to you on 5 September on recent developments in the case against Mr Peter Wright and his Australian publishers. This minute is a further progress report, and seeks decisions on certain points. It also summarises the case for other *discuss then* recipients who have not so far been involved.

[Handwritten: We must — I am unclear what should by th 3.10 N.L.W.]

2. The Attorney General is seeking an injunction in the New South Wales Court to prevent publication in Australia of a very damaging book of memoirs by Mr Peter Wright, who was a member of the Security Service from 1955 to 1976. It may be that we shall not in the end prevent publication (see paragraph 15); but it is important to do all we can to prevent it, not least in order to deter other members and former members of the intelligence services from seeking to publish books. If published, Wright's book would attract great publicity and cause damage politically and to the standing of the Security Service. It discusses at length the case of Sir Roger Hollis, in which Wright was one of the leading investigators, and reports Wright's conclusion that Hollis was a Soviet spy. It makes extensive revelations of operations conducted by the Security Service and of methods used during Wright's time as a member of the Service, and identifies numerous personnel of the Service. There are references to the Secret Intelligence Service (SIS) and its work. The book contains some pieces of fantasy and many mistaken opinions and inaccuracies. Many, but not all, of Wright's revelations have already appeared in books by Chapman Pincher and Nigel West; but it would of course be a completely different matter for a former member of the Security Service to make revelations notably

---

1986年10月3日，内阁秘书罗伯特·阿姆斯特朗爵士致首相撒切尔夫人有关"彼得·赖特事件"的备忘录

资料来源："The Peter Wright Case: Security of the Secret Services. Chapman Pincher's book *Their Trade is Treachery* and related papers including Sir Roger Hollis", PREM 19/1952, The National Archives, https://www.nationalarchives.gov.uk/about/news/latest-cabinet-office-files-released/

而导致彼得·赖特等人对霍利斯的怀疑深入人心，甚至成了各界热烈议论、传播的冷战逸闻。

20世纪90年代初，伴随着苏联的轰然解体，漫长的冷战落下了帷幕。然而，冷战期间的谍影故事并没有结束。各方各面都还要进行复盘并确认内部是否还留有冷战时期的"孤谍"，又或是核实、澄清诸如霍利斯这般人物的真实身份。

成功逃亡至英国后，戈尔季耶夫斯基一直是唐宁街10号和白宫的座上宾，多次接受过撒切尔夫人和里根的公开接见。除了扮演西方阵营"宣传明星"的角色，戈尔季耶夫斯基当然也会为军情五处、军情六处解答各种陈年疑问，告知那些英国情报史上的叛徒在苏联的境遇。他告诉英国人，金·菲尔比虽然继续为克格勃工作，但主要负责培训，偶尔以顾问的身份参与一些情报分析工作，重要性并不高。至于罗杰·霍利斯，戈尔季耶夫斯基则明确否认了他是克格勃的卧底，也不是"剑桥五人组"的第五人，所谓第五人就是约翰·凯恩克罗斯。[9]此外，他猜测那个神秘的代号"埃利"可能属于一个叫伦纳德·朗（Leonard Long）的变节者，此人早在1950年就逃亡苏联了。

2009年，在英国独立电视台的某次采访中，戈尔季耶夫斯基再次被问及"霍利斯是不是苏联间谍"的问题。这位老克格勃似乎有点不耐烦地表示：

> 为什么他们认为是罗杰·霍利斯呢？完全是胡说八道，不可理喻，这肯定是英国人特意针对我们搞的伎俩。

同一年，军情五处授权英国历史学家克里斯托弗·安德鲁

(Christopher Andrew)写了一部军情五处官修史——《王国保卫战》(*The Defence of the Realm*)。在冷战情报史领域,安德鲁堪称权威专家。早在20世纪80年代末,他就开始与戈尔季耶夫斯基合作出版过研究克格勃的专著。苏联解体后,他还从另一位老克格勃瓦西里·米特罗欣①(Vassili Mitrokhin)那儿获得了大量克格勃档案,并以此进行了大量冷战情报史研究,奠定了自己的研究基础和声誉,因此也得到了撰写一部军情五处官方历史的机会。

在这本官修史中,克里斯托弗·安德鲁全面采纳了戈尔季耶夫斯基的说法,并否认了有关军情五处内部有所谓超级"鼹鼠"的传闻,他认为这都是英国及美国情报圈内一群中高级官员的阴谋论臆想,指责彼得·赖特对霍利斯的怀疑完全是偏执狂式的想象。[10]

那么,这场延续多年的谍海疑案似乎终能定案了吧。

然而,争议却并未终止。

---

① 瓦西里·米特罗欣曾是克格勃第一总局的档案员,于1992年携带了大量克格勃档案叛逃至英国,这批档案日后被称为"米特罗欣档案"。

17. 旧账与新账

无论是戈尔季耶夫斯基,还是军情五处的官方历史作者克里斯托弗·安德鲁,都曾尝试回答一个有关罗杰·霍利斯身份的关键问题:

如果不是霍利斯,那么"埃利"究竟是谁?

而克里斯托弗·安德鲁以及军情五处官方声称的人选——伦纳德·朗,真的符合"埃利"的特征吗?

根据古琴科的说法,"埃利"跟他一样是格鲁乌的一名间谍;此外,"埃利"潜伏在军情五处。伦纳德·朗显然不符合这两个关键特征:第一,他是被苏联内务人民委员部招募的,而非苏联军事情报系统;第二,二战期间他的工作机构是军情十四处①,主要负责德国境内的情报搜集工作,而非军情五处。更重要的是,伦纳德·朗在军情十四处时只是一个基层的工作人员,并非什么高层,这同样不符合古琴科的描述。克格勃解密档案还显示伦纳德·朗在克格勃的代号其实是"拉尔夫"(RALPH)。

---

① 一战至二战期间,英国除了军情五处、军情六处,还有军情一至十九处,分别负责不同领域和类型的情报工作,它们直接隶属于战争办公室。二战后,相关职能归并于军情五处、军情六处及政府通讯总部等三大英国情报机构。

而20世纪60年代才进入克格勃的戈尔季耶夫斯基从没有确切听说过"埃利"是谁,也并不奇怪。更何况"埃利"本来就属于格鲁乌系统而非克格勃。1998年,"剑桥五人组"第五人约翰·凯恩克罗斯出版了回忆录。在书中,他对军情五处官方、戈尔季耶夫斯基对霍利斯所做的辩护,以及伦纳德·朗便是"埃利"的说法也嗤之以鼻。其实,戈尔季耶夫斯基对此问题的说法也存有前后矛盾的地方。例如他一方面指出在他赴伦敦上任前,曾与克格勃的同事们讨论过霍利斯,结论是"说他是克格勃的'鼹鼠'纯属无稽之谈";但另一方面,他又承认格鲁乌往往比克格勃更讲究纪律,"我也从来不知道他们(在英国)的联系人是谁"。

当然,彼得·赖特以及查普曼·平彻对霍利斯的怀疑基本来自间接证据。20世纪60年代对霍利斯的内部调查基本可归类为基于档案的人事背景审查。而在彼得·赖特等人看来,其间所发现的疑点之多,足以让他们对霍利斯的真实身份下断言:他几乎肯定是苏联方面的卧底,而"埃利"就是霍利斯。

首先,20世纪20年代,霍利斯在牛津大学就读期间,曾跟克劳德·科伯恩(Claud Cockburn)有非常亲密的关系。科伯恩日后成了英国著名的左翼记者,也是英国共产党的领导人之一。在加入军情五处时,霍利斯没有对这段人际关系做过清楚的交代,直到20世纪60年代遭遇审查时才吐露。其次,彼得·赖特与平彻都对霍利斯在中国的经历打了非常多的问号,因为这段时间正好与苏联格鲁乌间谍理查德·佐尔格在中国、日本的活动时间相重合。1931年,霍利斯在北平逗留期间,曾有人目击他与史沫特莱见过面。之后,他也跟佐尔格小组的成员产生过社交交集,例如佐尔格小组的格鲁乌情报员卡尔·里姆夫妇。霍利斯在1934年回国探亲及1936年离开中国返回英国时，都选择漫长的陆路——途经苏联并在莫斯科经停，而没有选择更快、更舒适的海路，这同样让人心生疑窦。1936年返英途中，他还曾在巴黎停留，与当地的左翼人士多有交流。换言之，与金·菲尔比等"剑桥五人组"一样，霍利斯在加入军情五处之前，同样长期混迹在共产主义社群。关于这段经历，霍利斯本人始终没有清楚交代过，直到20世纪70年第二次内部调查时才有所吐露。

而在处理核间谍克劳斯·富克斯案件时，直接负责此案的霍利斯有意或无意间也忽略了一条重要的线索——富克斯与著名的国际共产主义运动领袖汉斯·卡勒（Hans Kahle）①认识，他们曾交往密切。在霍利斯最初的报告中，只提及富克斯在1940年曾与一名德国人有密切联系，但没有提及其名字和身份。而这个德国人正是汉斯·卡勒。时任首相艾德礼对此疏漏非常不满。他无法理解的是，汉斯·卡勒作为一名资深且著名的活动人士早就被军情五处纳入监视的范围，但军情五处却没有发现富克斯与他的关系或是没有向政府报告他们之间的联系。[11]

此外，还有一个间接证据同样与富克斯等核间谍有关，涉及那位传奇的格鲁乌女情报员——乌尔苏拉·库琴斯基。事实上，乌尔苏拉·库琴斯基抵英之初，汉斯·卡勒曾给予她很多帮助。不过，这些帮助同样没有引起军情五处方面的关注。而她在中国的时间和经历，

---

① 汉斯·卡勒本是德意志第二帝国的官僚后代，早年就读于普鲁士军官学校，参加过一战。20世纪20年代曾在伦敦政治经济学院留学，毕业后投身左翼运动，曾是德国共产党准军事组织的领导人之一。1941年他在英国当记者，也是自由德国运动的创始成员。其间，他结识了富克斯。纳粹上台后他离开德国，参加过西班牙内战并成为国际纵队的高级指挥官。他是海明威的小说《丧钟为谁而鸣》中汉斯将军的原型。

则与霍利斯本人高度重合。库琴斯基曾回忆自己在中国期间与一个日后成为军情五处官员的人打过交道，这个人很可能就是霍利斯。而她在英国期间的住处离霍利斯的办公室也非常近，也有人指认霍利斯曾去过库琴斯基家。尽管从1947年起，她先后被军情五处调查过两次，但最终都有惊无险。若不是维诺那计划导致富克斯等人的泄密行为败露，库琴斯基有可能潜伏更长的时间，用她自己的话来说便是，"那些年里，军情五处内部似乎总有一只手在保护着我"。自1939年起，罗杰·霍利斯便在军情五处的B部门工作，该部门主要负责调查英国境内涉嫌苏联间谍行为的个人及其案件。至于霍利斯成为军情五处局长后，无论是"剑桥五人组"，还是乔治·布莱克等人此起彼伏的叛逃和丑闻，都证明了当时英国情报机构内部管理的弊端、漏洞之大。

当然，上述种种至多只算是疑点，而非法律意义上的铁证。然而，对于情报机构的分析也并非司法审判。如果说后者应该是"疑罪从无"，那么前者则恰好相反，任何疑点在被澄清之前都不应该被忽视。对于霍利斯的个案，克里斯托弗·安德鲁的《王国保卫战》一书并未真正澄清霍利斯身上的疑点，而只是在批判彼得·赖特、平彻等人在此事上的偏执态度。事实上，在罗杰·霍利斯退休之后，英国官方及情报界曾对他进行过两轮调查。第一次便是彼得·赖特直接参与过的那次。但在得出最终的正式结论前，这个调查就被军情五处新任局长马丁·琼斯（Martin Jones）叫停了。这让彼得·赖特始终耿耿于怀，以致最终都发泄在了自己的回忆录中。第二次调查则始于1973年，先后担任过哈罗德·威尔逊与特德·希思两任首相内阁秘书的伯克·特伦德（Burke Trend）爵士负责领导了一项对英国情报机构被渗透情况的调查，而霍利斯自然也被列为受调查的重点人物。

经过调查，特伦德的结论是"既无法证明霍利斯是苏联间谍，也无法消除其身上的所有疑点"。罗伯特·阿姆斯特朗爵士在1980年悄悄告知平彻的便是特伦德的结论。

1981年8月12日伯克·特伦德爵士给查普曼·平彻的回信

资料来源："Security of the Secret Services. Chapman Pincher's book Their Trade is Treachery and related papers including Sir Roger Hollis", PREM 19/1952, The National Archives, https://www.nationalarchives.gov.uk/about/news/latest-cabinet-office-files-released/

从罗伯特·阿姆斯特朗爵士处得知特伦德内部报告的内容后，平彻曾直接向特伦德致函确认此事。图中的信件便是特伦德本人的回信，确认首相在议会的公开表态与其调查报告的内容相符。

2015年4月，澳大利亚国防情报组织的高级研究员保罗·蒙克（Paul Monk）等人在美国世界政治研究所组织的一场论坛上，用论证导图的方法全方位地驳斥了克里斯托弗·安德鲁与戈尔季耶夫斯基为罗杰·霍利斯做的辩护，这也可以被视为对霍利斯身份所进行的第三次全面调查。结论是其经历中的数个重大疑点在过往的调查都被忽视了。[12]

1964年安东尼·布伦特承认自己是苏联间谍后，曾提及一段令人生疑的回忆，是关于负责审讯他的彼得·赖特与阿瑟·马丁的。那是在1945年霍利斯去加拿大处理完古琴科事件返回英国之后。某次，霍利斯谈及古琴科告诉自己，军情五处内部有一名代号"埃利"的潜伏间谍，当时布伦特正好也在场。

> 我猜霍利斯大概不喜欢我，甚至曾怀疑过我。因为当时霍利斯突然转头对我说道："是不是这样，埃利？"

如果布伦特的这段回忆是真的，倒也不令人奇怪。当时潜伏在英国各机构内的"鼹鼠"大多不清楚对方的真实身份，不同系统招募的间谍之间更可能对对方一无所知。若这段回忆是杜撰的，那么其动机就非常可疑了。尤其是在1964年前后，军情六处、军情五处麻烦不断，相关负责人备受指责甚至也遭到怀疑。当然，这也可能只是霍利斯灵机一动的一个有意或无意的玩笑。

在安东尼·布伦特坦白前后，英国正好迎来新一届大选，结果是哈罗德·威尔逊领导的工党上台。由于担心威尔逊早年的左派背景，军情五处曾试图招募他的幕僚充当线人，而威尔逊对军情五处的观

British Patriot or Soviet Spy? Clarifying A Major Cold War Mystery

AN ANALYSIS OF CHAPMAN PINCHER'S
INDICTMENT OF SIR ROGER HOLLIS

Part I: Using *Argument Mapping* To Visualize The Case Against

Part II: Chronology of The Life and Career of Sir Roger Hollis

Sir Roger Hollis
British MI5 Director General
1956-65

Presented At The Institute of World Politics, Washington, D.C.
April 10, 2015
By
Paul Monk, Ph.D.   John L. Wilhelm
Melbourne, Australia and Washington, DC

van Gelder & Monk

© Copyright 2015 Paul Monk and John L. Wilhelm
All Rights Reserved

保罗·蒙克等人在2015年发布的调查报告

资料来源: British Patriot or Soviet Spy? Clarifying A Major Cold War Mystery: An Analysis Of Chapman Pincher'S Indictment Of Sir Roger Hollis, Presented At The Institute of World Politics, Washington, D.C., April 10, 2015, https://www.youtube.com/watch?v=dBwinCLhl-o (accessed 2024-1-24).

感并不好。在布伦特供认后,霍利斯便主张掩盖其行为,甚至没有告知威尔逊。霍利斯的理由是"担心威尔逊政府会利用'布伦特一案'对军情五处进行打压"。这个理由在军情五处内部几乎是无可辩驳的,且与英国官僚体系的处理逻辑别无二致。

如果霍利斯真是潜伏多年的"埃利",那么他能如此长久地把持军情五处也就不令人奇怪了——能够将自己的真正目的与所处环境的行事逻辑巧妙融合,使人难以分清他的目的何者为真,何者为假。

18. 冷战余音

1999年9月12日,伦敦郊区初秋一个如常的星期天早晨,梅丽塔·诺伍德站在自己的两层小屋前的花园里,她面前是一群神色各异的记者。他们举着话筒、扛着摄影机、攥着手中的笔,静候这位87岁的老奶奶发表自己的声明。

早上好,先生们!很抱歉让你们星期天还要出来加班。

讲完这句开场白后,梅丽塔紧握着自己的发言稿,用紧张但又坚定的声音继续说道:

我所做的并不是为金钱,而是为了协助避免一个新制度的失败。这个制度以巨大的代价让普通人都能享受可负担的食物和交通便利、良好教育和医疗服务……我认为我所能接触到的东西或许有助于苏联与英国、美国,以及德国保持同步发展……尽管总的来说,我不赞成对自己的祖国进行间谍活动……(但)在同样的情况下,我知道我会再次做同样的事情。[13]

这名老妇人口中的"新制度"指的是苏联时期的社会主义制度，她"所能接触到的东西"是指她在英国有色金属研究协会担任秘书期间所能接触到的涉及核武器研发的机密资料，而她的间谍行为是指将这些资料传递给苏联。有趣的是，同一年，乔治·布莱克在接受美国媒体采访时也讲过与梅丽塔类似的话：

> 我认为把生命奉献给一个崇高的理想、一个崇高的实验，即使它没有成功，也永远不会是错误的。……唐纳德·麦克莱恩就是这样想的。菲尔比也是这样想的。我们所有人都是这样想的。我认为很多苏联人也是这样想的，这并没有错，这个理念非常崇高，现在依然很崇高……[14]

就在梅丽塔·诺伍德发表公开声明的前一天，《泰晤士报》刚揭露了一桩"谍海旧闻"：根据叛逃的克格勃档案员瓦西里·米特罗欣提供的资料，1932—1972年，梅丽塔·诺伍德曾利用在英国有色金属研究协会的秘书身份为苏联充当间谍。事实上，她可能是冷战期间为苏联服务时间最长的间谍，前后达40年。根据米特罗欣的说法，她可能是克格勃在英国最重要的潜伏间谍，其重要性甚至高过"剑桥五人组"。她在克格勃的代号是"霍拉"（HOLA），而乌尔苏拉·库琴斯基曾是她的秘密联系人。她俩相处得非常融洽，配合默契，库琴斯基甚至会亲切地叫她"莱蒂"（LETTY）。1958年，梅丽塔曾被苏联方面秘密授予红旗劳动勋章，但她拒绝领取任何经济报酬。"我知道自己被授予了红旗劳动勋章，但没有任何仪式，她们只是口头告诉了我，"她晚年曾这样回忆道。实际上，戈尔季耶夫斯基对"霍拉"这个代号印象深刻,因为他在1980年克格勃及其前身成立60周年的内部纪念文集中读到过霍拉的事迹,说"在核领域,英国间谍的工作卓有成效……而在其中,霍拉尤为出色"[15]。

> 梅丽塔的父亲是拉脱维亚人,母亲是英国人,她从小受父母影响而信奉左翼思想并加入英国共产党。冷战期间,她向苏联秘密提供涉及英国核武器研发的资料,直到1972年退休。1999年,她的间谍身份被曝光,但未被追究刑事责任。2005年,梅丽塔因病去世,享年93岁。回顾自己的间谍生涯时,梅丽塔曾如此评价:"那只是我生活中的一小部分,我并没有过着什么'双重生活',接孩子、做家务和购物所花的时间比从事间谍工作要多得多。"她的丈夫对她的间谍行为有所了解,但既没有参与,也没有阻止。而她的子女在事件曝光前,完全不知情。事后她的女儿曾表示:"当时我完全震惊了……但无论她做过什么,我都爱她。她是一个非常好的人,非常坚强,完全不在意物质生活。"2018年,根据她的事迹改编的电影《红琼》(*Red Joan*)上映,由英国著名演员朱迪·丹奇(Judi Dench)主演。

对于梅丽塔·诺伍德及当年的富克斯这类核间谍,晚年的乔治·布莱克曾对他们的动机和心理有过一段非常到位的解析:

> 当然,他们(指核间谍们)帮助苏联更快地制造出原子弹。虽然我认为苏联人无论如何都会制造出原子弹,但若没有那些情报,可能将需要更长的时间。通过提供情报,可以重新建立战略平衡,并拯救世界免于核灾难。虽然他们没有这样说过,但我认为这就是他们的想法——帮助世界,免于核战,而我完全赞同他们的观点。[16]

在冷战宣告结束多年后,一位年近90岁的老奶奶被指认为苏联间谍，以余音荡漾的方式提醒众人当年谍海斗争的诡谲多变。而正如"剑桥五人组"、乔治·布莱克以及罗杰·霍利斯一样，梅丽塔·诺伍德被揭露的间谍行为对英国政府和情报机构更多是一桩麻烦的公关事件，而非危及国家安全的纰漏。当时的布莱尔政府的内政大臣表示不会对梅丽塔·诺伍德进行刑事调查。事发后，布莱尔政府只是要求军情五处提供一份完整的报告，但拒绝对外公开，并表示："不确认或否认安全机构调查的细节是官方长期的政策。"[17]

实际上，军情五处在1992年前后就通过瓦西里·米特罗欣提供的资料证实梅丽塔是苏联间谍，但并没有足够的司法证据把她送上法庭，何况冷战时代似乎已经过去了。六七年后，媒体之所以曝光此事，主要是因为克里斯托弗·安德鲁与米特罗欣合作出版的新书《克格勃绝密档案》(*The Mitrokhin Archive*)中首次对外披露了这个故事。英国政府、军情五处之所以决定不对她进行刑事调查或将其送上法庭的理由有二：一是从人道主义角度，考虑到她年事已高；二是认为梅丽塔所造成的危害并不大。尽管如此，保守党阵营却并不打算放过梅丽塔，甚至将她与智利前总统皮诺切特相提并论：既然英国政府可以配合逮捕一个当时83岁的"智利前暴君"①，为什么却要放过一个87岁的苏联间谍呢？

此外，《卫报》的编辑们还在社论中"阴阳怪气"了一把，重提彼得·赖特的旧事：大概只有彼得·赖特这样的间谍才会遭到英国政府的无情追捕，因为他们的罪行不是为外国势力效力，而是告诉英

---

① 1998年卸任智利陆军总司令后的皮诺切特在英国伦敦就医期间，曾被英国警方逮捕并软禁，因为当时西班牙法院曾因其统治智利期间的反人类罪行对其发过法庭传票。在他被软禁一年后，英国上议院才裁决逮捕违法，将其释放。

国民众英国情报安全机构的内部实情:

> 军情六处、军情五处和内政部知道谁才是他们真的敌人。[18]

若仔细分析英国官方尤其是军情五处对待梅丽塔·诺伍德的态度,似乎呈现出一种微妙的矛盾之处。如果梅丽塔并不重要,那为什么默许瓦西里·米特罗欣和克里斯托弗·安德鲁将她的故事披露出来并主动"喂"给新闻媒体呢?毕竟前者是需要英国情报安全机关庇护的变节者,而后者是乐于与之合作的学者。而苏联方面的褒奖、克格勃内部的重视,却又明显地说明了梅丽塔的重要性。站在英国官方尤其是情报机构的角度,他们似乎一边想要凸显策反瓦西里·米特罗欣的价值,进而彰显自己在隐蔽战线取得的成绩,一边却又不希望因此过多地暴露自己内部的丑闻与问题。实际上,如此考虑问题的不仅是英国的情报机构,历任首相中持类似思路者亦不在少数。

从丘吉尔、麦克米伦到撒切尔夫人,这些首相对"鼹鼠"的忧虑更多是来自新闻舆论的反噬。一旦有媒体利用这类故事制造丑闻,那么首相就不得不在下议院面对质疑,被迫回答一些令人尴尬的问题。此外,这些事件不仅减弱了民众对英国国家安全方面的信心,更要命的是损害了美国对英国政府和情报系统的信心与信任感。即便退出政坛后,麦克米伦还在不同场合多次评论"剑桥五人组"的一系列事件"言过其实",认为伯吉斯、麦克莱恩甚至菲尔比的叛逃,对英国政府的日常运作来说并不是什么值得大惊小怪的事。[19]

而站在情报机构的角度来看,整个冷战期间,面对组织严密、手段高明的苏联情报机关，西方尤其是英国情报机构所面临的压力远超一战、二战时期；同时，还要面临昔日殖民帝国的瓦解，以及国力下滑的现实。隐蔽战场的厮杀成为冷战的最前线，双方愈演愈烈的间谍活动成为不宣而战的冲突现场。此时，英国的情报机构从帝国版图扩张的助推者变为帝国瓦解过程的缓冲器。无论是在彼得·赖特的回忆录中，还是在约翰·勒卡雷的小说里，英国的情报机构似乎都是内讧不断、一直在掉链子的官僚机构。它们是一个崩溃帝国或者衰败帝国之下的机构，只是在疲于应付苏联的攻势和压迫，同时面临着帝国分崩瓦解这一不可逆的历史进程。

在这个背景下，潘科夫斯基、戈尔季耶夫斯基以及米特罗欣，对冷战前后的英国情报机构来说都是其自我标榜为冷战斗争胜利者的证明，尽管美国人在相当长的一段时间内始终将英国情报机构视为培养叛徒的温床。

实际上，早在20世纪30年代，梅丽塔·诺伍德刚开始自己的间谍生涯时，就曾被军情五处调查过。1938年，一名叫珀西·格拉丁（Percy Glading）的工会领袖因向苏联转交涉及武器装备的资料而被捕入狱，梅丽塔也是"珀西情报圈"的成员之一。现有档案显示，当时军情五处其实已经掌握了这个信息并对梅丽塔进行监视，但出于未知的原因而未继续进行调查。1940年后，梅丽塔得以继续她的间谍生涯，当时她的联系人便是刚移居英国不久的乌尔苏拉·库琴斯基。格鲁乌认为"索尼娅"与诺伍德的合作极为重要，可以让苏联方面尽早获得有关铀冶金与核反应堆设计方面至关重要的知识。[20]

1945年年初，原子弹研发进入最关键的时刻。当时，军情五处要对深度参与这个最高机密项目的英国有色金属研究协会相关人员进行更严密的背景审查，协会主任G. L.贝利（G. L. Bailey）本人也不例外。1945年2月的一天，在英国有色金属研究协会主任的办公室，军情五处的官员单独找了贝利的秘书来问话，希望通过对这名秘书的问话来确认协会主任是否有疑点和问题。而这位秘书正是梅丽塔·诺伍德。在自己的间谍身份被曝光后，梅丽塔曾回忆过50多年前的那次谈话，以及那位找她谈话的军情五处官员："负责审查的是一个很好的家伙。谈话很愉快、友好。"令人难以置信的是，军情五处的官员并没有对这位几年前还在他们监视名单上的女性给予更多关注。直到1965年，军情五处才又确认梅丽塔可能存在安全风险，但仍未采取任何进一步的行动。

这一切难以解释，却又如此熟悉。

实际上，20世纪40年代，库琴斯基在为梅丽塔·诺伍德、克劳斯·富克斯担任联系人时，并非没有被人注意到。1943年，牛津市的警察局曾检测到库琴斯基住所附近有大功率无线电活动的迹象，而在战时这当然是被严格禁止的。牛津警方曾将这个情况报告给军情五处，认为有必要对其进行深入调查。结果，军情五处似乎对这个报告毫无兴趣，并没有采取相应的行动。实际上，直到1947年夏，军情五处才对库琴斯基进行直接调查和问话。当时有两名军情五处的工作人员直接敲开了库琴斯基家的门，但他们表示，并非来逮捕她的，而是希望寻求合作。因为他们知道库琴斯基来英国之前可能曾为苏联服务，但在来英国后已经不再活动了。当时，库琴斯基非常冷静地予以应对，坦率地承认自己的左派立场，并坚持"英国公民的合法性和左派观点并不矛盾"[21]。此后，军情五处方面就再也没有直接找过她，直到她离开英国。多年后，库琴斯基曾有过一个比喻：

> 那些年里，军情五处内部似乎总有一只手在保护着我。

至于这个比喻究竟是库琴斯基事后回顾当年情况时所发的感慨，还是一种装糊涂式的致敬，现已不得而知。不过，在彼得·赖特看来，库琴斯基在英国的重要线人除了富克斯、梅丽塔·诺伍德，或许还包括那位躲在幽暗深处的"埃利"。

1977年，库琴斯基以鲁特·维尔纳为笔名出版了自己的回忆录。在这本回忆录中，她非常生动地讲述了自己在中国、瑞士及英国各处的谍海生涯。不过，她对自己与梅丽塔·诺伍德的关系只字未提。直到1999年，梅丽塔·诺伍德的身份被揭露后，外界才发现了两位看似完全无关的女性曾于20世纪40年代在军情五处的眼皮底下有过如此长期和密切的合作。

1999年9月中旬，在自家花园公开承认自己是苏联间谍几天后，梅丽塔·诺伍德收到了一个从德国寄来的包裹。寄件人是她当年的秘密联系人——乌尔苏拉·库琴斯基。包裹中有一本库琴斯基自己的回忆录、她的照片和一张卡片。

卡片上写道：

> *致莱蒂：索尼娅向你致敬。*

人物事件年表

1905 年

 罗杰·霍利斯出生。

1907 年

 安东尼·布伦特出生。

 乌尔苏拉·库琴斯基出生。

1909 年

 英国秘密勤务局成立。

1910 年

 军情五处、军情六处开始独立运作。

1911 年

 盖伊·伯吉斯出生。

1912 年

 金·菲尔比出生。

梅丽塔·诺伍德出生。

1913年

唐纳德·麦克莱恩出生。

约翰·凯恩克罗斯出生。

1914年

萨拉热窝事件爆发，成为一战的导火索。

查普曼·平彻出生。

1916年

彼得·赖特出生。

尼古拉斯·埃利奥特出生。

1917年

美国对德宣战，加入一战。

俄国爆发革命，沙皇专制统治被推翻，内战爆发。

1918年

德国与协约国签署停战协议，威廉二世退位，一战正式结束。

苏联共和国野战参谋登记处（格鲁乌原型）获准成立。

1919年

巴黎和会举行。

奥列格·潘科夫斯基出生。

苏波战争爆发。

1922年

乔治·布莱克出生。

1924年

霍利斯进入牛津大学。

1926年

霍利斯从牛津大学退学。

布伦特进入剑桥大学。

霍利斯在渣打银行工作。

1928年

霍利斯加入上海英美烟草公司。

1929年

金·菲尔比进入剑桥大学。

1930年

伯吉斯进入剑桥大学。

格鲁乌情报员理查德·佐尔格被派往上海。

库琴斯基抵达上海,不久后加入了"佐尔格小组"。

1931年

"九一八事变"爆发,日本侵占中国东北。

有人目击到霍利斯曾在北平见过史沫特莱。

伯吉斯结识布伦特。

约翰·勒卡雷出生。

1932年

梅丽塔·诺伍德开始在英国有色金属研究协会担任秘书,随后被苏联内务人民委员部招募。

1933年

纳粹上台,希特勒成为德国总理。

金·菲尔比前往奥地利。

佐尔格离开中国,前往日本。

霍利斯结识了佐尔格小组的卡尔·里姆夫妇。

1934年

霍利斯返回英国休假,此前途经苏联,曾在莫斯科短暂停留。

金·菲尔比、麦克莱恩、伯吉斯被招募为苏联间谍。

1935年

麦克莱恩进入英国外交部工作。

1936年

伯吉斯开始在BBC工作。

霍利斯从英美烟草公司离职,再次途经苏联,返回英国。

1937年

布伦特和凯恩克罗斯被招募为苏联间谍。

菲尔比以记者身份前往西班牙。

1938年

霍利斯加入军情五处。

奥列格·戈尔季耶夫斯基出生。

乌尔苏拉·库琴斯基搬到伦敦。

伯吉斯从BBC辞职。

1939年

纳粹德国入侵波兰,二战全面爆发。

霍利斯开始在军情五处B部门(苏联事务)工作。

伯吉斯进入军情六处工作。

布伦特加入英国陆军,同时被军情五处招募。

1940年

经伯吉斯推荐,金·菲尔比加入军情六处。

1941年

伯吉斯重新加入BBC。

纳粹德国入侵苏联。

日军偷袭珍珠港,美国正式参战。

1943年

霍利斯第一次遇见金·菲尔比。

1944年

伯吉斯进入英国外交部负责宣传工作。

布莱克加入军情六处。

1945年

德国、日本先后宣布投降,二战结束。

格鲁乌人员古琴科在加拿大叛逃;霍利斯作为军情五处代表审问了古琴科。

古琴科称,有一个代号"埃利"的格鲁乌间谍潜伏在军情五处。

苏联驻伊斯坦布尔的克格勃成员沃尔科夫计划叛逃失败。

布伦特开始在王室图书馆兼职并作为艺术顾问为王室服务。

1946年

丘吉尔在美国发表"铁幕演说",乔治·凯南从莫斯科发出"长电报",宣告冷战大幕缓缓开启。

1947年

金·菲尔比被军情六处派往伊斯坦布尔。

美国中央情报局成立。

1948年

第一次柏林危机爆发。

霍利斯成为军情五处C部门负责人,负责对所有高级公务员的安全审查。

1949年

金·菲尔比被调往美国华盛顿,成为军情六处在美国的联络官。

1950年

朝鲜战争爆发。

为苏联效力的"核间谍"富克斯等人被捕。

乔治·布莱克被朝鲜人民军俘虏。

1951年

美国方面通过维诺那计划确认了麦克莱恩的间谍身份。

麦克莱恩、伯吉斯秘密撤离英国,前往苏联。

金·菲尔比接受调查,但未被逮捕起诉,仅从军情六处离职。

1952年

凯恩克罗斯离开英国外交部。

1953年

霍利斯出任军情五处副局长。

布莱克被释放回国,之前已主动成为克格勃间谍。

1954年

布伦特受封为爵士。

苏联国家安全委员会(克格勃)成立。

詹姆斯·安格尔顿被任命为美国中情局反间谍部门的负责人。

彼得·赖特成为军情五处首席科学官。

1955年

军情五处宣布结束对金·菲尔比的调查,称其无罪。

1956年

苏联在东柏林发现英美情报机构的窃听设施"柏林隧道"。

波匈事件发生。

第二次中东战争爆发,英国与法国在中东的殖民体系遭重创。

霍利斯出任军情五处局长。

埃利奥特邀请菲尔比以记者的身份继续为军情六处工作,工作地点是贝鲁特。

1957年

苏联在美国的重要间谍鲁道夫·阿贝尔暴露被捕。

1958年

第二次柏林危机爆发。

1960年

美军U-2高空侦察机在苏联境内被击落。

霍利斯被授予爵士头衔。

1961年

乔治·布莱克身份暴露,后被英国法院判处42年监禁。

格鲁乌军官奥列格·潘科夫斯基开始向军情六处传递情报。

第三次柏林危机爆发,柏林墙被修筑。

克格勃军官阿纳托利·戈利岑叛逃,其提供的信息足以间接确认金·菲尔比的间谍身份。

彼得·赖特第一次向霍利斯提交报告,担心军情五处内部有苏联卧底。

1962年

美苏在柏林交换了鲁道夫·阿贝尔与被击落的U-2飞行员鲍尔斯。

古巴导弹危机爆发。

潘科夫斯基被苏联逮捕。

1963年

"普罗富莫丑闻"爆发,重创哈罗德·麦克米伦的保守党政府。

美苏签订《禁止在大气层、外层空间和水下进行核武器试验条约》，冷战对峙气氛有所缓和。

埃利奥特前往贝鲁特希望劝说金·菲尔比坦白，但菲尔比选择逃往苏联。

伯吉斯去世，享年52岁。

潘科夫斯基被判处死刑并执行。

霍利斯及其副手米切尔被内部调查。

1964年

布伦特、凯恩克罗斯先后承认自己是苏联间谍，以换取此事不对外披露，以及特赦。

以安格尔顿为代表的美国情报官员表达了对霍利斯的强烈不信任。

军情五处、军情六处的联合秘密调查委员会成立，由彼得·赖特担任主席。

1965年

霍利斯从军情五处退休。

1966年

后藤田正晴拜访军情五处，送去了有关佐尔格的资料。

乔治·布莱克越狱成功，逃亡至苏联。

彼得·赖特建议对霍利斯进行全面调查，但遭驳回。

1968年

美苏签订《不扩散核武器条约》。

1969年

联合秘密调查委员会被解散。

1971年

英国一次性驱逐了105名苏联驻英国官员和外交官,怀疑这些人都是克格勃的情报人员。

1973年

霍利斯去世,享年68岁。

特伦德爵士主持对霍利斯的内部调查,但未能得出确定性结论。

1974年

克格勃军官戈尔季耶夫斯基被策反,开始为军情六处工作。

1976年

彼得·赖特从军情五处退休。

1979年

布伦特的间谍身份被公开。

1980年

撒切尔夫人政府向查普曼·平彻秘密透露了对霍利斯内部调查的内容。

1981年

苏联的瑞安行动正式开始。

查普曼·平彻出版《他们的工作即背叛》。

1982年

戈尔季耶夫斯基被克格勃派往伦敦。

1983年

美军在太平洋实施"舰队演习 83-1"。

大韩航空007号班机误入苏联领空遭击落。

北约举行"秋季熔炉 83"系列演习并在其中的"优秀射手83"军事演习中演练核战争情况，引发苏联高度紧张。

麦克莱恩去世，享年70岁。

布伦特去世，享年76岁。

1985年

戈尔季耶夫斯基被召回莫斯科接受调查，后被军情六处营救回英国。

1986年

澳大利亚法院判决英国政府败诉，裁定彼得·赖特的回忆录《抓间谍的人》可在该国出版、发行。

1987年

《抓间谍的人》正式出版，英国政府未能阻止其在除英格兰以外的地方出版流通。

1988年

金·菲尔比去世，享年76岁。

一部指控霍利斯是苏联间谍的电视纪录片在英国电视台亮相。

1990年

民主德国和联邦德国正式统一。

戈尔季耶夫斯基第一次公开驳斥霍利斯是苏联间谍的说法。

1991年

苏联解体。

1992年

原克格勃档案员瓦西里·米特罗欣叛逃至英国。

1994年

尼古拉斯·埃利奥特去世，享年78岁。

1995年

约翰·凯恩克罗斯去世，享年82岁。

彼得·赖特去世，享年79岁。

1999年

梅丽塔·诺伍德的间谍行为被曝光。

2000年

乌尔苏拉·库琴斯基去世,享年93岁。

2005年

梅丽塔·诺伍德去世,享年93岁。

2014年

查普曼·平彻去世,享年100岁。

2020年

约翰·勒卡雷去世,享年89岁。

乔治·布莱克去世,享年98岁。

注释和参考文献

一、长日将尽

1. "CIA memo to 'Dave' from Cleveland C. Cram" // PINCHER C.*Too Secret Too Long* [M] // TYRER W. "The Unresolved Mystery of ELLI" [J]. *International Journal of Intelligence and CounterIntelligence*, 2016 (29): 785-808.

2. Margaret Thatcher's Speech on Security (Roger Hollis) [OL]. (1981-03-26). [2024-12-30]. https://www.margaretthatcher.org/document/104603.

3. WRIGHT P, GREENGRASS P. *Spycatcher: The Candid Autobiography of a Senior Intelligence Officer* [M]. Sydney: Heinemann Publishers Australia, 1987: 2.

4. DENNIGAN M. "Spy Scandals Rock Britain" [OL]. (1981-03-28). [2024-12-30]. https://www.upi.com/Archives/1981/03/28/Spy-scandals-rock-Britain/5681354603600.

5. ZUCKERMAN L. "How Not to Silence a Spy" [OL]. (2008-02-28). [2024-12-30]. https://web.archive.org/web/20080208165347/https://time.com/time/magazine/article/0,9171,965233,00.html.

6. PREM 19/1952:The Peter Wright Case [A/OL]. [2024-12-30]. https://www.nationalarchives.gov.uk/about/news/latest-cabinet-office-files-released/.

7. *House of Commons Hansard Archives*, Volume 101: debated on 14 July 1986, Column 692. [A/OL]. [2024-12-30]. https://hansard.parliament.uk/commons/1986-07-14.

8. Mitchell A. "Behind Margaret Thatcher's losing battle to stop Spycatcher publication" [N/OL]. *The Independent*, (2023-12-29). [2024-12-30]. https://www.independent.co.uk/news/uk/politics/margaret-thatcher-spycatcher-national-archives-b2470494.html.

9. *House of Lords Hansard Archives*, Volume 493: debated on 10 February 1988, Column 210-42.

10. 勒卡雷. 鸽子隧道 [M]. 文泽尔, 译. 上海：上海人民出版社, 2019：25.

11. 阿尔德里奇, 科马克. 暗黑之门：历任首相主导下的英国情报史话 [M]. 李红娥, 译. 北京：新世界出版社, 2019：79.

12. 後藤田正晴. 情と理-カミソリ参謀回顧録-上 [M]. 东京：講談社, 1998：231.

13. 同上, 232.

14. NORTON-TAYLOR R. "What is MI5 Hiding in Its Secret 60 Year-Old Files?" [OL]. (2022-10-11). [2024-12-30]. https://www.declassifieduk.org/what-is-mi5-hiding-in-its-secret-60-year-old-files.

15. DENNIGAN M. "Spy Scandals Rock Britain" [OL]. (1981-03-28). [2024-12-30]. https://www.upi.com/Archives/1981/03/28/Spy-scandals-rock-Britain/5681354603600.

16. 阿尔德里奇, 科马克. 暗黑之门：历任首相主导下的英国情报史话 [M]. 李红娥, 译. 北京：新世界出版社, 2019：271.

17. TYRER W. "The Unresolved Mystery of ELLI," [J]. *International Journal of Intelligence and Counterintelligence*, 2016, (29)：785-808, 792.

18. Ibid.

19. 進藤翔大郎. 冷戦期情報戦の一背景としての1930年代上海 [J]. 社会システム研究, 2015, 3（18）.

20. "Sir Roger Hollis: A Mole in MI5?" [J/OL]. *Time*, (1981-04-06). [2024-12-30]. https://content.time.com/time/subscriber/article/0,33009,951626,00.html.

二、古琴科事件

1. Churchill's "Iron curtain" speech [OL]. (1946-03-05). [2024-12-30]. https://www.nationalarchives.gov.uk/education/resources/cold-war-on-file/iron-curtain-speech/.

2. "Interview Transcript of Stalin's Interview with Elliot Roosevelt" [OL]. (1946-12-21). [2024-12-30]. https://digitalarchive.wilsoncenter.org/document/interview-transcript-stalins-interview-elliot-roosevelt.

3. JENS E. "The 'Great Gouzenko': Political, Intelligence, and Psychological Factors in the Defection that Triggered the Cold War" [J]. *American Intelligence Journal*,

2015, 32(1): 187-197.

4. ALPHER Y. "The Spy Who Knew LaGuardia" [OL]. (2010-07-08). [2024-12-30]. https://www.nytimes.com/2010/07/09/opinion/09iht-edalpher.html.

5. 海因斯，克莱尔. 维诺那计划：前苏联间谍揭秘 [M]. 吴妍妍，吴锡林，译. 北京：群众出版社，2004：355—356.

6. Mitrokhin Archive (Volume 7, Chapter 14) [OL]. [2024-12-30]. https://spartacus-educational.com/ Ursula_Beurton.htm.

7. Venona File 84490 page 22 [OL]. [2024-12-30]. https://spartacus-educational.com/Ursula_Beurton.htm.

8. 张泽宇. 核间谍与苏联原子弹研制——基于苏联解密档案的研究 [J]. 军事历史研究，2014，28（01）：67—75.

9. MOLINARO D. "How the Cold War Began ... with British Help: The Gouzenko Affair Revisited" [J]. *Labour/Le Travail*, Spring 2017 Printemps, 79: 143-155.

10. HENNESSY P, BROWNFELD G. "Britain's Cold War Security Purge: The Origins of Positive Vetting [J]. *The Historical Journal*, 1982, 12, 4(25): 965-974.

11. MOLINARO D. "How the Cold War Began ... with British Help: The Gouzenko Affair Revisited" [J]. *Labour/Le Travail*, Spring 2017 Printemps, 79: 143-155.

12. 莱弗勒. 权力优势：国家安全、杜鲁门政府与冷战 [M]. 孙建中，译. 北京：商务印书馆，2019：146.

13. The Royal Commission. The Report of The Royal Commission [R]. (1947-06-27). [2024-12-30]. Appointed under Order in Council P.C. 411 of February 5, 1946-2-5, Ottawa, pp. 729-731.

14. 沙青青. 敌人的构建：古琴科事件背后的暗流 [J]. 读书，2021（8）：92—100.

15. "Retransition of Contact with Khakis, Adam, Johnson and Stenli in View of The Canadian Affair" [OL]. (1945-09-21). [2024-12-30]. http://circ.jmellon.com/docs/.

三、"剑桥五人组"

1. PHILBY K. *My Silent War: The Autobiography of a Spy* [M]. New York: Random House Publishing Group, 2002: 157.

2. MODIN Y. *My 5 Cambridge Friends: Burgess, Maclean, Philby, Blunt, and Cairncross by Their KGB Controller* [M]. New York: Farrar Straus & Giroux, 1995: 234.

3. 阿尔德里奇，科马克. 暗黑之门：历任首相主导下的英国情报史话［M］. 李红娥，译. 北京：新世界出版社，2019：236.

4. TYRER W. "The Unresolved Mystery of ELLI" [J]. *International Journal of Intelligence and CounterIntelligence*, 2016 (29): 785-808.

5. PHILBY K. *My Silent War: The Autobiography of a Spy* [M]. New York: Random House Publishing Group, 2002: 132-133.

6. 杰弗里. 军情六处：秘密情报局历史［M］. 宗瑞华，廖国强，等译. 长沙：湖南文艺出版社，2011：510—511.

7. PHILBY K. *My Silent War: The Autobiography of a Spy* [M]. New York: Random House Publishing Group, 2002: 149-150.

8. Ibid., p. 150.

9. ELLICOTT C. "Philby sent KGB traitor to his death" [N/OL]. *The Daily Mail* (2015-10-23). [2024-12-30]. https://www.dailymail.co.uk/news/article-3285609/Philby-sent-KGB-traitor-death-Defecting-general-never-seen-again.html.

10. Litzi Friedmann, Interview with Phillip Knightley (November, 1967) [OL]. [2024-12-30].https://spartacus-educational.com/Litzi_Friedmann.htm.

11. Kim Philby, memorandum in Security Service Archives (1963) [OL]. [2024-12-30]. https://spartacus-educational.com/Arnold_Deutsch.htm.

12. Arnold Deutsch File 32826 (KGB Archives) [OL]. [2024-12-30]. https://spartacus-educational. com/Arnold_Deutsch.htm.

13. "Kim Philby, British double agent, reveals all in secret video" [OL]. (2016-04-01). [2024-12-30]. https://www.bbc.com/news/uk-35943428.

14. 爱泼斯坦. 骗中骗：克格勃与中情局的无声战争［M］. 杨哲，译. 北京：金城出版社，2014：27.

15. PHILBY K. *My Silent War: The Autobiography of a Spy* [M]. New York: Random House Publishing Group, 2002: 151.

16. MACINTYRE B. *A Spy Among Friends: Kim Philby and the Great Betrayal* [M]. New York: Crown, 2015: 149.

17. WRIGHT P, GREENGRASS P. *Spycatcher: The Candid Autobiography of a Senior Intelligence Officer* [M]. Sydney: Heinemann Publishers Australia, 1987: 170.

18. MODIN Y. *My 5 Cambridge Friends: Burgess, Maclean, Philby, Blunt, and Cairncross by Their KGB Controller* [M]. New York: Farrar Straus & Giroux, 1995: 204.

19. MACINTYRE B. *A Spy Among Friends: Kim Philby and the Great Betrayal* [M]. New York: Crown, 2015:163. HERSH B. *The Old Boys: The American Elite and the Origins of the CIA* [M]. St. Petersburg: Tree Farm Books, 2001: 321.

20. "Kim Philby, British double agent, reveals all in secret video" [OL]. (2016-04-01). [2024-12-30]. https://www.bbc.com/news/uk-35943428.

21. MACINTYRE B. *A Spy Among Friends: Kim Philby and the Great Betrayal* [M]. New York: Crown, 2015: 190.

22. BROWN A. *Treason in the Blood: H. St. John Philby, Kim Philby and the Spy Case of the Century* [M]. Boston: Houghton Mifflin, 1994: 530-534.

23. John Le Carré. "Afterword" from MACINTYRE B. *A Spy Among Friends: Kim Philby and the Great Betrayal* [M]. New York: Crown, 2015: 295.

四、柏林隧道与古巴导弹

1. 多布斯. 午夜将至：核战边缘的肯尼迪、赫鲁晓夫与卡斯特罗 [M]. 陶泽慧，赵进生，译. 北京：社会科学文献出版社，2015：36.

2. Red Files. Interview with George Blake [EB/OL]. PBS broadcast, 2023-11-01 [2024-12-30]. https://www.pbs.org/redfiles/kgb/deep/interv/k_int_george_blake.htm.

3. Wright P, Greengrass P. *Spycatcher: The Candid Autobiography of a Senior Intelligence Officer* [M]. Sydney: Heinemann Publishers Australia, 1987: 192.

4. 勒卡雷. 鸽子隧道 [M]. 文泽尔，译. 上海：上海人民出版社，2019：33.

5. Kross P. Operation Gold: The CIA's Berlin Tunnel [EB/OL]. Warfare History Network, 2013 [2023-11-01]. https://warfarehistorynetwork.com/article/operation-gold-the-cias-berlintunnel/.

6. Red Files. Interview with George Blake [EB/OL]. PBS broadcast, 2023-11-01 [2024-12-30]. https://www.pbs.org/redfiles/kgb/deep/interv/k_int_george_blake.htm.

7. Ibid.

8. Ibid.

9. Kuper S. *The Happy Traitor: Spies, Lies and Exile in Russia: The Extraordinary Story of George Blake* [M]. London: Profile Books, 2021: 37.

10. Ibid., p. 74.

11. Red Files. Interview with George Blake [EB/OL]. PBS broadcast, 2023-11-01 [2024-12-30]. https://www.pbs.org/redfiles/kgb/deep/interv/k_int_george_blake.htm.

12. Ibid.

13. 阿尔德里奇，科马克. 暗黑之门：历任首相主导下的英国情报史话［M］. 李红娥，译. 北京：新世界出版社，2019：233.

14. 同上，234.

15. Red Files. Interview with George Blake [EB/OL]. PBS broadcast, 2023-11-01 [2024-12-30]. https://www.pbs.org/redfiles/kgb/deep/interv/k_int_george_blake.htm.

16. 阿尔德里奇，科马克. 暗黑之门：历任首相主导下的英国情报史话［M］. 李红娥，译. 北京：新世界出版社，2019：220.

17. 同上，236.

18. Wright P, Greengrass P. *Spycatcher: The Candid Autobiography of a Senior Intelligence Officer* [M]. Sydney: Heinemann Publishers Australia, 1987: 189.

19. 张盛发. 试析赫鲁晓夫在古巴部署核导弹的动机与决策：写在古巴导弹危机爆发50周年之际［J］. 俄罗斯中亚东欧研究，2012（6）：57—70.

20. 赫鲁晓夫. 赫鲁晓夫回忆录［M］. 张岱云，王长荣，陆宗荣，等译. 北京：东方出版社，1988：696—697.

21. 张盛发. 试析赫鲁晓夫在古巴部署核导弹的动机与决策：写在古巴导弹危机爆发50周年之际［J］. 俄罗斯中亚东欧研究，2012（6）：57—70.

22. 葛罗米柯关于同美国总统肯尼迪谈话的电报摘录（1962-10-18）// 苏联历史档案选编：第29卷［M］. 北京：社会科学文献出版社，2002.

23. 阿尔德里奇，科马克. 暗黑之门：历任首相主导下的英国情报史话［M］. 李红娥，译. 北京：新世界出版社，2019：238.

24. 张小明. 古巴导弹危机的再认识［J］. 世界历史，1996（5）：83—89.

25. 阿尔德里奇，科马克. 暗黑之门：历任首相主导下的英国情报史话［M］. 李红娥，译. 北京：新世界出版社，2019：241.

26. FISCHER B. Penkovsky, the Spy Who Tried to Destroy the World [J]. *International Journal of Intelligence and Counter Intelligence*, July 2021, Vol. 36(1), pp. 1-23.

27. BYRNE C. Cuban Missile Crisis: The Untold Story of Russian Spy Oleg Penkovsky [EB/OL]. [2024-12-30]. https://spyscape.com/article/oleg-penkovsky-the-cuban-missile-crisis-the-true-story-behind-the-courier.

28. WRIGHT P, GREENGRASS P. *Spycatcher: The Candid Autobiography of a Senior Intelligence Officer* [M]. Sydney: Heinemann Publishers Australia, 1987: 262.

29. Ibid., p. 220.

30. BOROVIK G. *The Philby Files: The Secret Life of Master Spy Kim Philby* [M]. London: Little Brown & Co, 1994: 344-345.

31. WRIGHT P, GREENGRASS P. *Spycatcher: The Candid Autobiography of a Senior Intelligence Officer* [M]. Sydney: Heinemann Publishers Australia, 1987: 246.

32. MODIN Y. *My Five Cambridge Friends: Burgess, Maclean, Philby, Blunt, and Cairncross by Their KGB Controller* [M]. London: Headline Book Publishing, 1994: 238.

33. HOLLIS R. Letter to J. Edgar Hoover (1963-01-18) // SIMKIN J. Roger Hollis [EB/OL]. [2024-12-30]. https://spartacus-educational.com/SShollis.htm.

34. PHILBY K. Letter to Nicholas Elliott (1963-10) // SIMKIN J. Nicholas Elliott [EB/OL]. [2024-12-30]. https://spartacus-educational.com/Nicholas_Elliott.htm.

35. Interview with George Blake [EB/OL]. PBS broadcast, 2023-11-01 [2024-12-30]. https://www.pbs.org/redfiles/kgb/deep/interv/k_int_george_blake.htm.

36. KUPER S. *The Happy Traitor: Spies, Lies and Exile in Russia: The Extraordinary Story of George Blake* [M]. London: Profile Books, 2021: 103-4.

37. Security Services Archives. [EB/OL] // SIMKIN J. Arthur Martin [EB/OL]. [2024-12-30]. https://spartacus-educational.com/SSmartin.htm.

38. WRIGHT P, GREENGRASS P. *Spycatcher: The Candid Autobiography of a Senior Intelligence Officer* [M]. Sydney: Heinemann Publishers Australia, 1987: 295.

五、1983：最危险的一年

1. 麦金泰尔. 间谍与叛徒：改变历史的英苏谍战 [M]. 袁鑫, 译. 北京：社会科学文献出版社，2021：118.

2. KGB Chairman Yuri Andropov at the National Consultation Meetings of the Leadership and Members of the KGB, "On the Tasks of the KGB in Light of the Decisions of the 26th Congress of the CPSU" May 25, 1981, Top Secret [EB/OL]. 2018-11-05 [2024-12-30]. https://nsarchive.gwu.edu/document/17306-document-02-kgb-chairman-yuri-andropov //Ukrainian KGB Archive, f. 13, o. 678, pp. 34-51.

3. 多勃雷宁. 信赖：多勃雷宁回忆录 [M]. 肖敏, 王为, 等译. 北京：世界知识出版社，1997：610.

4. Shooting Down of KAL007, the Able Archer Exercise and The Nuclear War Scare of 1983 [EB/OL]. Cold War Conversations Podcast, No. 229, 2022-04-02 [2024-12-30]. https://coldwarconversations.com/episode229/.

5. JOHNSON T. *American Cryptology During the Cold War, 1945-1989, Book IV: Cryptologic Rebirth, 1981-1989* [R]. National Security Agency Center for Cryptologic History, 1999: 318.

6. 沈志华主编. 苏共中央政治局会议记录：关于扩大对华贸易及国际局势的讨论（1983年5月31日）[M] //俄罗斯揭秘档案选编：中苏关系（1945—1991）(第12卷). 北京：东方出版中心，2015：324.

7. Central Committee of the Communist Party of Ukraine to Vladimir Shcherbitsky, "On the reaction to the speech of General Secretary ... Yuri Andropov," September 19, 1983, Secret [EB/OL]. 2018-11-05 [2024-12-30]. https://nsarchive.gwu.edu/document/17315-document-14-central-committee-communist //Ukrainian KGB Archive, f. 16, o. 9, d. 13, t. 4, September 19, 1983, pp. 193-195.

8. 麦金泰尔. 间谍与叛徒：改变历史的英苏谍战 [M]. 袁鑫, 译. 北京：社会科学文献出版社，2021：208.

9. 同上，208.

10. 多勃雷宁. 信赖：多勃雷宁回忆录 [M]. 肖敏, 王为, 等译. 北京：世界知识出版社，1997：595.

11. FRAISE T, EGELAND K. Able Archer: How Close of a Call was It? [J]. *Bulletin of the Atomic Scientists*, 79(3): 155-160.

12. 克罗卡特. 五十年战争：世界政治中的美国与苏联（1941—1991）[M].

王振西，钱俊德，译. 北京：社会科学文献出版社，2015：377.

13.加迪斯. 冷战：交易·谍影·谎言·真相 [M]. 翟强，张静，译. 北京：社会科学文献出版社，2013：260.

14.祖博克. 失败的帝国：从斯大林到戈尔巴乔夫 [M]. 李晓江，译. 北京：社会科学文献出版社，2014：372.

15.多勃雷宁. 信赖：多勃雷宁回忆录 [M]. 肖敏，王为，等译. 北京：世界知识出版社，1997：601.

16.沃尔夫. 隐面人：前东德情报局局长回忆录 [M]. 胡利平，译. 北京：国际文化出版公司，1999：259.

17. KGB Chairman Yuri Andropov at the National Consultation Meetings of the Leadership and Members of the KGB, On the Tasks of the KGB in Light of the Decisions of the 26th Congress of the CPSU, May 25, 1981, Top Secret [EB/OL]. [2024-12-30]. https://nsarchive.gwu.edu/document/17306-document-02-kgb-chairman-yuri-andropov //Ukrainian KGB Archive, f. 13, o. 678, pp. 34–51.

18. German Democratic Republic Ministry of State Security (Stasi), About the Talks with Comrade Vladimir Kryuchkov [held on October 10], November 7, 1983, Eyes Only. [EB/OL]. 2018-11-05 [2024-12-30]. https://nsarchive.gwu.edu/document/17316-document-16-german-democratic-republic-ministry //Office of the Federal Commissioner for the Stasi Records (BStU), MfS, Abt. X, Nr. 2020, S. 1–7. Posted by the Nuclear Proliferation International History Project, Translated by Bernd Schaefer.

19.沃尔夫. 隐面人：前东德情报局局长回忆录 [M]. 胡利平，译. 北京：国际文化出版公司，1999：260.

20.麦金泰尔. 间谍与叛徒：改变历史的英苏谍战 [M]. 袁鑫，译. 北京：社会科学文献出版社，2021：171.

21.沃尔夫. 隐面人：前东德情报局局长回忆录 [M]. 胡利平，译. 北京：国际文化出版公司，1999：260.

22.多勃雷宁. 信赖：多勃雷宁回忆录 [M]. 肖敏，王为，等译. 北京：世界知识出版社，1997：594.

23. German Democratic Republic Ministry of State Security (Stasi), About

the Talks with Comrade Vladimir Kryuchkov [held on October 10], November 7, 1983, Eyes Only. [EB/OL]. 2018–11–05 [2024–12–30]. https://nsarchive.gwu.edu/document/17316-document-16-german-democratic-republic-ministry //Office of the Federal Commissioner for the Stasi Records (BStU), MfS, Abt. X, Nr. 2020, S. 1–7. Posted by the Nuclear Proliferation International History Project, Translated by Bernd Schaefer.

24. DOWNING T. Unpublished Interview with Colonel General Viktor Ivanovich Yesin for Flashback Television, circa 2007. [15]. [EB/OL]. 2018–11–05 [2024–12–30]. https://nsarchive.gwu.edu/document/17323-document-22-unpublished-interview-colonel //The Soviet Side of the 1983 War Scare. [EB/OL]. 2018–11–05 [2024–12–30]. https://nsarchive.gwu.edu/briefing-book/aa83/2018-11-05/soviet-side-1983-war-scare.

25. 欧阳洛奇. 核战预警：苏联"瑞安行动"历史研究（1981—1991）[D]. 南京大学，2019: 40–43//DOWNING T. *1983: Reagan, Andropov, and a world on the Brink* [M]. London: Da Capo Press. 2018: 243–8.

26. 麦金泰尔. 间谍与叛徒：改变历史的英苏谍战 [M]. 袁鑫，译. 北京：社会科学文献出版社，2021：209—210.

27. 同上。

28. 欧阳洛奇. 核战预警：苏联"瑞安行动"历史研究（1981—1991）[D]. 南京大学，2019: 40–43//Member of the Politburo of the CC CPSU, Minister of Defense of the USSR, Marshal of the Soviet Union D. F.Ustinoy, To Struggle for Peace, To Strengthen Defense Capability, Pravda, November 19, 1983, p. 4, cited from GARTHOFF R, *The Great Transition: American-Soviet Relations and the End of the Cold War* [M]. Washington, D.C.: Brookings Institution. 1994: 140.

29. HAMILTON R. 1983: The Year of Living Dangerously [EB/OL]. 2018–12–03 [2023–12–28]. The Foreign Policy Research Institute. https://www.fpri.org/article/2018/12/able-archer-at-35-lessons-of-the-1983-war-scare/ //SCOTT L, Intelligence and the Risk of Nuclear War: Able Archer-83 Revisited [J]. *Intelligence and National Security,* 26:6, pp. 759–760.

30. 麦金泰尔. 间谍与叛徒：改变历史的英苏谍战 [M]. 袁鑫，译. 北京：社会科学文献出版社，2021：211.

31.加迪斯．遏制战略：冷战时期美国国家安全政策评析（增订本）[M]．时殷弘，译．北京：商务印书馆，2019：356.

32.FISCHER B. Anglo-American Intelligence and the Soviet War Scare: The Untold Story [J]. *Intelligence and National Security*, 27(1): 85.

33.加迪斯．遏制战略：冷战时期美国国家安全政策评析（增订本）[M]．时殷弘，译．北京：商务印书馆，2019：356.

34.JONES N, ed. *ABLE ARCHER 83: The Secret History of the NATO Exercise That Almost Triggered Nuclear War* [M]. New York: The New Press, 2016: 6//HAIG JR. A, *Caveat: Realism, Reagan, and Foreign Policy* [M]. New York: Scribner, 1984: 105.

六、究竟是谁

1.麦金泰尔．间谍与叛徒：改变历史的英苏谍战 [M]．袁鑫，译．北京：社会科学文献出版社，2021: 161.

2.The full text of Melita Norwood's statement [EB/OL]. *The Guardian*, 1999-09-11 [2024-12-30]. https://www.theguardian.com/uk/1999/sep/12/theobserver.uknews4.

3.NORTON-TYLOR R. Ruth Werner [EB/OL]. *The Guardian*, 2000-07-10 [2024-12-30]. https://www.theguardian.com/news/2000/jul/11/guardianobituaries.richardnortontaylor.

4.BAKER M. Don't ever expect anything from me: How Malcolm Turnbull turned himself into an international figure [EB/OL]. Inside Story, 2020-04-27 [2024-12-30]. https://insidestory.org.au/dont-ever-expect-anything-from-me/.

5.HURST D. "Australia backed UK on Spycatcher secrecy despite book posing no direct threat" [EB/OL]. *The Guardian*, 2015-10-26 [2024-12-30]. https://www.theguardian.com/australia-news/2015/oct/26/australia-backed-uk-on-spycatcher-secrecy-despite-book-posing-no-direct-threat.

6.UDDIN R, GROSS A, PICKARD J. Margaret Thatcher signed off on top secret 'Spycatcher' leak to journalist [EB/OL]. The Financial Times, 2023-12-29 [2024-12-30]. https://www.ft.com/content/6bd0761a-36a9-4ba8-a996-804a71e3b6f7.

7.PREM 19/1952:The Peter Wright Case [A/OL]. [2024-12-30]. https://www.

nationalarchives.gov.uk/about/news/latest-cabinet-office-files-released/.

8. 阿尔德里奇，科马克. 暗黑之门：历任首相主导下的英国情报史话［M］. 李红娥，译. 北京：新世界出版社，2019：423.

9. 麦金泰尔. 间谍与叛徒：改变历史的英苏谍战［M］. 袁鑫，译. 北京：社会科学文献出版社，2021：161.

10. ANDREW C. *The Defence of the Realm: The Authorized History of MI5* [M]. London: Allen Lane, 2009.

11. 阿尔德里奇，科马克. 暗黑之门：历任首相主导下的英国情报史话［M］. 李红娥，译. 北京：新世界出版社，2019：160.

12. British Patriot or Soviet Spy? Clarifying A Major Cold War Mystery: An Analysis Of Chapman Pincher'S Indictment Of Sir Roger Hollis [EB/OL]. Presented At The Institute of World Politics, Washington, D.C., 2015-04-10 [2024-12-30]. https://www.youtube.com/watch?v=dBwinCLhl-o.

13. HOGE W. "The Great-Grandmother Comes In From the Cold" [EB/OL]. *New York Times*, 1999-09-13 [2024-12-30]. https://www.nytimes.com/1999/09/13/world/the-great-grandmother-comes-in-from-the-cold.html.

14. Interview with George Blake [EB/OL]. PBS broadcast, 2023-11-01 [2024-12-30]. https://www.pbs.org/redfiles/kgb/deep/interv/k_int_george_blake.htm.

15. ROSE D. From Finchley with love [EB/OL]. *The Guardian*, 2005-07-02 [2024-12-30]. https://www.theguardian.com/politics/2005/jul/03/past.davidrose.

16. Interview with George Blake [EB/OL]. PBS broadcast, 2023-11-01 [2024-12-30]. https://www.pbs.org/redfiles/kgb/deep/interv/k_int_george_blake.htm.

17. HOGE W. "The Great-Grandmother Comes In From the Cold" [EB/OL]. *New York Times*, 1999-09-13 [2024-12-30]. https://www.nytimes.com/1999/09/13/world/the-great-grandmother-comes-in-from-the-cold.html.

18. Treason or Reason? [EB/OL]. *The Guardian*, 1999-09-11 [2024-12-30]. https://www.theguardian.com/news/1999/sep/12/leaders.leaders.

19. 阿尔德里奇，科马克. 暗黑之门：历任首相主导下的英国情报史话［M］. 李红娥，译. 北京：新世界出版社，2019：230—231.

20. BURKE D. *The Spy Who Came In From the Co-op: Melita Norwood and the*

Ending of Cold War Espionage [M]. Woodbridge: Boydell Press, 2008: 135.

21. 维尔纳. 谍海忆旧[M]. 张黎, 译. 北京：解放军文艺出版社，2000：273—274.

其他

WERNER R. *Sonya's Report* [M]. London: Chatto & Windus, 1991.

CORNWELL T ed. *A Private Spy: The Letters of John le Carré 1945–2020* [M]. New York: Viking Press, 2022.

BOYLE A. *The Climate of Treason: Five who Spied for Russia* [M]. London: Hutchison, 1979.

PARRISH M. *Soviet Security and Intelligence Organizations 1917–1990: A Biographical Dictionary and Review of Literature in English* [M]. Greenwood: Greenwood Press, 1992.

CRAM C. *Of Moles and Molehunters: A Review of Counterintelligence Literature*, 1977–92, The Center for the Study of Intelligence monograph CSI 93–002, 1993.

WHYMANT R, *Stalin's Spy: Richard Sorge and the Tokyo Espionage Ring* [M]. London: I.B. Tarius, 1996.

PINCHER C. *Treachery: Betrayals, Blunders and Cover-Ups: Six Decades of Espionage* [M]. Edinburgh: Mainstream Publishing, 2012.

HOFFMAN B, OSTERMANN C ed. "*Moles, Defectors, And Deceptions: James Angleton and His Influence on US Counterintelligence*" [C]. A Wilson Center And Georgetown University Center For Security Studies Joint Conference, 2014.

WEST N. *MI6: British Secret Intelligence Service Operations 1909–1945* [M]. London: Frontline Books, 2019.

WEST N. *South Yorkshire* [M]. London: Frontline Books, 2019.

MACINTYRE B. *Agent Sonya: Moscow's Most Daring Wartime Spy* [M]. New York: Crown, 2020.

GRUNFELD T. The Shanghai syndrome—spies and politics, East and West [J]. *Bulletin of Concerned Asian Scholars*, 1990, 22(2).

ZUBOK V. "Soviet Intelligence and The Cold War: The 'Small' Committee of

Information, 1952-53", Woodrow Wilson International Center For Scholars, Working Paper No. 4, Cold War International History Project, December 1992.

DYLAN H. "Chapman Pincher, Treachery: Betrayals, Blunders and Cover-ups: Six Decades of Espionage" [J]. *Intelligence and National Security*, 2012, 27:3.

LEVY D. "The Traitor Hunter", *International Journal of Intelligence and Counterintelligence* [J]. 2015, 28: 2.

LOMAS D. "Party politics and intelligence: the Labour Party, British Intelligence and oversight, 1979-1994" [J]. *Intelligence and National Security*, 2021, 36: 3.

KOVACEVIC F, DOLGOPOLOV N: the Storyteller of Soviet Intelligence History [J]. *Intelligence and National Security*, 2021, 36: 5.

BURNETT B, FORKTUS E & Gioe D. Spying (in) spires: The dwindling likelihood of an Oxford Spy Ring to Rival the Cambridge Five [J]. *Contemporary British History*, 2023, 09, 22.

WILSON A. "MI5 Case against Hollis Hardens" [N]. *London Observer*, 1981-11-15.

ROSENBAUM R. "Kim Philby and the Age of Paranoia" [N]. *New York Times*, 1994-07-10.

左凤荣. 戈尔巴乔夫改革时期 [M]. 北京：人民出版社，2013.

乌索夫. 20世纪30年代苏联情报机关在中国 [M]. 赖铭传，译. 北京：解放军出版社，2013.

彭亚平. 俄罗斯对外情报分析力量发展研究 [M]. 北京：军事科学出版社，2014.

苏智良. 佐尔格在中国的秘密使命 [M]. 上海：上海社会科学院出版社，2014.

多布斯. 午夜将至：核战边缘的肯尼迪、赫鲁晓夫与卡斯特罗 [M]. 陶泽慧，赵进生，译. 北京：社会科学文献出版社，2015.

塞利格曼. 戎装间谍：一战前英国武官对德国的情报战 [M]. 胡杰，译. 北京：社会科学文献出版社，2021.

周桂银. 历史学家与情报研究——情报史英国学派的传统与变迁 [J]. 世界历史，1997（5）.

王中忱. 佐尔格 —尾崎秀实事件的叙述与档案解密的政治——以1940—1950年代日文文献为中心的初步检证[J]. 清华大学学报（哲学社会科学版），2015（5）.

沙青青. 穿越间谍世界的"隧道"之旅[OL].（2019-10-18）[2024-12-30]. https://www.thepaper.cn/newsDetail_forward_4655950.

后记

2021年春夏之际,一部名为《冰的碎片》(*A Splinter of Ice*)的话剧在英国各地的剧院巡演。这部戏的主角是金·菲尔比与著名的作家格雷厄姆·格林,故事背景设定在1987年的莫斯科。在那一年,格林确实造访过莫斯科。而他与菲尔比的交情则可以一直追溯到20世纪40年代。当时,格林在写作之余也充任军情六处的间谍,被派往非洲,而金·菲尔比正是他在军情六处的上司兼好友。1944年从军情六处辞职后,格林依旧维系了与菲尔比的友谊,即便在菲尔比逃亡苏联后,二人依旧保持通信联系,格林甚至还曾为菲尔比的回忆录写过序言。至于1987年在莫斯科菲尔比的公寓里,他们具体谈了些什么,则无人知晓。而这部《冰的碎片》便是以戏剧的形式,想象了这两位老朋友是如何共度一夜的。在格林拜访莫斯科仅一年后,金·菲尔比便去世了。如今距那时已三十余年,但世人似乎对其经历、作为依旧充满兴趣。这部话剧便是例证之一。

有趣的是,同样是在1987年,约翰·勒卡雷受苏联作协的邀请也造访了莫斯科。其间,曾有人传话给他:"有个喜欢您小说的老朋友想见见您。"而这个"老朋友"便是金·菲尔比。但与格雷厄姆·格林不同,勒卡雷拒绝了。事后,他得知当时自知来日无多的金·菲尔比是希望能请勒卡雷来为其回忆录执笔。实际上,早在20世纪60年代末，勒卡雷就曾因为不满格雷厄姆·格林在菲尔比回忆录的序言中为后者辩护，而与格林有过笔战。勒卡雷始终对出卖了自己的菲尔比难以释怀。"我甚至不会把我的猫托付给他过周末"，这是他对菲尔比最刻薄的评价之一。不过，多年后，他又主动致信格林，希望能够化解这个心结：

> 在之前我们因为菲尔比而发生争执后，我觉得有点难以提笔再给你写信了。但我不希望你认为这场争执会让我对你十年前给予的帮助和鼓励产生怨恨，也不会影响我对你的作品的钦佩之情（尽管这可能不值一提）……你的作品一直是我不断涌现的灵感的来源，无论我们之间有什么分歧，我都想感谢你，感谢你所树立的榜样。

相较于一直活到2020年才去世的乔治·布莱克，菲尔比在某种意义上或许是幸运的，因为他不必面对冷战的落幕与苏联的崩塌。在逃亡至莫斯科后，布莱克与麦克莱恩、菲尔比组成了一个流亡者的小圈子，经常一起聚餐。1983年麦克莱恩去世后，他的藏书也悉数留给了布莱克。而菲尔比死后，布莱克也会去看望他的俄罗斯遗孀。2012年，《金融时报》的记者西蒙·库柏（Simon Kuper）曾前往莫斯科采访布莱克，这也是布莱克生前最后一次接受长时间专访。访谈中，他曾坦承：

> 对于我以某种方式给人们带来的痛苦以及在我自己的圈子里所造成的痛苦，感到抱歉。因为我当然无意于此，但

对此我也已经无能为力了。

本书的缘起可追溯到早些年对金·菲尔比、"剑桥五人组"、乔治·布莱克等人传奇经历的兴趣，以及勒卡雷对冷战谍影的文学描摹。多年前，我在翻阅后藤田正晴回忆录时，读到他于20世纪60年代拜访军情五处的片段。我当时同后藤田一样，对他所描述的军情五处要求日方提供理查德·佐尔格的资料而感到困惑。之后，我在搜集、接触涉及彼得·赖特的资料时找到了答案。在阅读相关文献的过程中，我注意到围绕罗杰·霍利斯是不是"鼹鼠"的争论和传闻。于是，便有了各位面前的这本小书。

前后数十年的线索在某一个偶然又或是必然的时刻勾连在一起，进而为我们构建出另一种可能的历史情景。这或许正是情报史研究的魅力所在。若能让诸君在品味这段跌宕起伏的故事之余，对冷战历史大格局背后复杂的历史脉络有些许新认知或想法，那自然也将是我的荣幸。

此外，本书中的小部分内容曾在《读书》、《财新周刊》以及《澎湃新闻·上海书评》等处刊载过；也曾在播客《忽左忽右》的多期专题节目中谈及相关的内容。过往的这些内容为本书的写作奠定了一个良好的基础，为此我要感谢上述媒体平台的相关编辑和负责人。

沙青青
2024年春
于东京神乐坂